郑永年论中国

中国的知识重建

郑永年◎著

人民东方出版传媒
People's Oriental Publishing & Media
東方出版社
The Oriental Press

出版说明

知识分子的社会责任从来不是一句空话，而与我们每个个体的作为密切相关。在教育改革和智库建设如火如荼的今天，知识分子们的知识贡献方面的使命尤为凸显。长期以来，中国知识界的各个阶层和群体，尽管对各种事物都有不同的看法，但是大多是在借用他人的概念和理论来解释自己，结果不仅没能解释好自己，反而曲解了自己，更不用说希望借此让外在世界来了解自己了。因此，知识分子即知识的生产者，其首要任务不是照抄照搬西方知识体系，而是需要去思考西方的知识体系是如何产生的，我们自己如何能够生产自己的知识体系。

笔者在思考中国崛起的时候，越来越强烈意识到，任何一个文明的核心就是拥有能够解释自己和说明自己的知识体系，简单地说，就是自己的知识认同。没有一个强大而富有生命力的知识体系，何谈强大的文明。也就是说，中国文明复兴的关键就是重建中国自己的知识体系。

知识体系的重建和文明复兴之间关系是一个非常复杂的问题，需要大量的研究和思考。在这个过程中，既有本书里所提到的种种“彷徨”，也需要有知识建设的问题意识和责任感。我个人感觉到，很有必要把此当成一个长期的事业来做。这本书对早先出版的《通往大国之路：中国的知识重建与文明复兴》中知识重建部分做了重新调整梳理，并把这些年的进一步思考收录在一起，编成此书，以飨读者。

本书的出版要感谢东方出版社的许剑秋先生和吴玉萍女士以及本书的编辑陈丽娜和李鹏飞，由于他们的努力，才能够这么快与读者见面。

郑永年

2018 年 1 月

目录

前言

无论就中国历史还是就世界历史而言，这个时代无疑是一个伟大的时代。自改革开放以来，中国经历了巨大的经济和社会转型，乃至政治转型。就经济而言，中国从 20 世纪 80 年代初一个贫穷的经济体跃升为世界上第二大经济体，从一个几乎处于封闭状态的经济体，转型成为世界上最大的贸易大国，并且已经俨然成为世界新一波全球化的领头羊。

而这些变化的背后，是从原先计划经济向中国自身市场经济制度的转型。就社会发展而言，这些年里中国已经促成了数亿人口的脱贫，同样为世界经济史上的奇迹；尽管还有很多穷人，但人均国民生产总值也已经超过 9000 美元。

社会其他方面的发展也同样显著，包括人口寿命、教育、社会保障、住房等。就政治而言，1949年之后建立起来的制度经受住了各种挑战，化解了各种危机；中国的政治制度已经显现出其高度的韧性和灵活性，与时俱进。

这个伟大时代的伟大实践需要人们来解释，来提升，概念化和理论化，从而创建出基于中国经验之上的中国社会科学体系。很显然，这是中国知识界的责任。这个责任原本也可以促成中国知识界的伟大时代，但现实无比残酷，当中国成为世界社会科学界最大实验场的时候，中国的知识界则进入一个悲歌时代。

说是知识的悲歌时代，倒不仅仅是因为权力、金钱和大众对知识史无前例地鄙视，也不是因为知识常常被用来点缀，成为可有可无的东西，因为知识从来就是卑微的，也应当是卑微的。今天知识悲歌的根本原因，在于知识创造者本身对知识失去了认同，知识创造者失去了自身的主体地位，而心甘情愿地成为了其他事物的附庸。中国大学众多，每年都有很多校庆，不过一次次校庆就是对知识的一次次羞辱。

每次校庆，大家无一不是以培养了多少政治人物、多少富豪而感到自豪，唯独说不出来的就是，没有一所大学已经培养出一位钱学森生前所说的“大师”。实际上，今天大学或者研究机构所举办的各种公共论坛乃至学术研讨会，人们都以邀请到大官大富为目的，而知识本身则是极其次要的、可有可无的陪衬物。

知识体系是任何一个文明的核心，没有这个核心，任何文明就很难在世界上生存和发展，至多成为未来考古学家的遗址。从知识创造的角度来看，正是伟大的知识创造才造就了文明。在西方，从古希腊到近代文艺复兴再到启蒙时代，这是一个个辉煌的知识时代，没有这些时代，就很难有人们今天所看到所体验到的西方文明。中国也如此，春秋战国时代的“百家争鸣”到宋朝的朱熹，再到明朝的王阳明等，铸造了中国文明的核心。

就知识创造者来说，知识创造从来就是个人的行为。尽管有些时候也表现为群体知识，例如春秋战国时代的“百家”，但群体知识仍然是基于个人知识体系之上，只是一些学者之间有了共识，才形成互相强化的群体知识。

同时，在中国“学而优则仕”的政治环境里，知识表面上是政府知识分子（也就是“士”）这个阶层创造的，但应当指出的是，政府从来不是知识的主体。

当然，这并不是说政府在知识创造过程中就没有责任，政府既可以为知识创造有利、有效的环境，也可以阻碍知识的创造。因此，从知识创造者这个主体来反思当代中国的知识悲歌，更能接近事物的本质。也就是说，我们要回答“我们的知识创造者干什么去了呢”这个问题。

一个一般的观察是，在中国社会中，历来就是“争名于朝、争利于市、争智于孤”。这里，“争名于朝”是对于政治人物来说的，“争利于市”是对商人来说的，而“争智于孤”则是对知识人来说的。今天的知识悲歌的根源就在于现代知识人已经失去了“争智于孤”的局面，而纷纷加入了“争名于朝”或者“争利于市”，有些知识人甚至更为嚣张，要名利双收。

争名于朝。现在和过去不一样了，从前是“学而优则仕”，从学的目标就是从官，并且两者没有任何边界。现在从学的目标已经大大超越（至少在理论上说）了从官，并且两者之间有了边界。尽管大多知识人士为官了，但“为官”的心态仍然浓厚，因此还是通过各种变相的手段争名于朝。当然，这背后还是巨大的“利益”。竞相通过和“朝廷”的关联来争名，这个现象随处可见。

今天在做智库评价指标时，人们以争取到大领导的批示和认可作为了最重要的指标，更有很多知识分子对大官竭尽吹牛拍马之能事。文章拿到了领导的批示，这可以是一个指标，但并非唯一甚至是最重要的指标。知识有其自己的指标。如果知识人以这些东西来衡量自己的知识的价值，那么不仅已经是大大异化了，而且很难称得上知识。

争利于市。这对中国的知识分子是个新生事物。传统上，从理论上说，知识分子和商业是远离的。从认同上说，知识分子显得清高，不能轻易谈钱的问题；从制度层面来说，“士、农、工、商”的社会安排把知识分子和商隔离开来。当然，在实际层面，两者也经常走在一起的。不过，现在情形则不同了。知识分子以利益为本、以钱为本，公然地和企业走在一起，各个产业都“圈养”着一批为自己说话、做广告的知识分子。

一个显著的例子就是房地产业。中国的房地产能够走到今天那么荒唐的地步，不仅仅关乎房地产商和地方政府，而且也关乎于这个产业“圈养”的一大批知识分子，因为这些人在每一步论证着政府房地产市场政策的正确性，推波助澜，而非纠正错误。

在现代社会，除了与政治权力和商业利益发生关系，知识分子更是找到了其他的手段来争名利。例如，争名于“名”，即通过炒作既有“名人”而成名。研究既有名人未尝不可，而且也是知识生产和创造的手段。不过，在今天的中国，人们不是认真地去研究名人，而是完全根据自己的或者他人的需要，随意糟蹋名人。例如王阳明。王阳明是个大家，现在被炒得很红火。不过，很遗憾的是，没有人真正在研究王阳明，可以预见的是，如果现在的情况延续，“阳明学”很快就会演变成一种庸俗不堪的宗教，不仅静不了人们的心，反而会搅乱人们的心。

这种现象在所谓的“国学”处处可见，人们所期望的国学精华没有出现，而那些“牛、鬼、蛇、神”则已经泛滥成灾。中学如此，西学也如此。例如马克思。在世界范围内，今天的中国拥有着最大群体的马克思研究机构和马克思研究者，因为马克思几乎已经成为官方的“国学”。但是认真去读一下这些机构和学者的产品，有多少人懂马克思。马克思只是他们的政治，只是他们的饭碗。

在互联网时代，知识更是具备了“争名利于众”的条件。这至少表现在两个方面。一方面，知识人通过互联网走向了“市场”，把自己和自己的知识“商品化”。当然更多的是充当“贩卖者”，即没有自己的知识，而是贩卖人家的知识。互联网是传播知识的有效工具，但这里的“贩卖”和传播不一样，传播是把知识大众化，而“贩卖”的目的仅仅是为了钱财。

看看眼下日渐流行的“付费知识”就知道未来的知识会成为何等东西了。另一方面，互联网也促成了社会各个角落里的各种各样的“知识”（宗教迷信、巫术等等）登上“学术舞台”，并且有变成主流的大趋势，因为衡量知识价值的是钱、是流量。

而后者的力量如此庞大，更是把前者拉下了水。今天的知识分子都是在争流量，为此大家争俗、争媚，媚俗和流量无疑是正相关的。更可惜的是，官方也往往把“流量”和社会影响力等同起来。这就不难理解，即使官方媒体也和众多自媒体一样，堂而皇之地媚俗。

古今中外的真正学者没有一个是争名争利的，有很多为了自己的知识尊严甚至付出了生命的代价。历史上，不乏知识人被权力和资本所迫害的事例。近代以来才逐渐有了言论自由的保障。对大多数学者而言，名利并非是追求而来的，而仅仅只是他们所创造知识的副产品。

很多学者生前所生产的知识，并没有为当时的社会所认可和接受，穷困潦倒。那些能够远离名利的学者才是真正的名而不利。屈原便是一个很好的例子。

毛泽东曾经评论过屈原，认为屈原如果继续做官，他的文章就没有了；正是因为被开除了“官籍”，“下放劳动”，屈原才有可能接近社会生活，才有可能产生像《离骚》这样好的文学作品（引自邓力群著《和毛泽东一起读苏联〈政治经济学教科书〉》一文）。

一旦进入了名利场，知识人便缺少了知识的想象力。一个毫无知识想象力的知识群体如何进行知识创造呢？一个没有知识创造的国家如何崛起呢？正是因为知识之于民族和国家崛起的重要性，近来自上到下都在呼吁知识的创造、创新。为此，国家也投入了大量的财经资源，培养重点大学，建设新型智库，吸引顶级人才等。但现实情况极其糟糕，因为国家的投入越多，名利场越大；名利场越大，知识人越是腐败。

最近，清华大学经济管理学院院长钱颖一称中国还没有建立起近代大学，这话是很有道理的。可以补充的是，不仅没有建立起近代型大学，而且也远远落后于传统书院制度。实际上，无论是近代大学还是传统书院，重要的并不是大学制度或者书院制度本身，而是大学和书院的主体，即知识人。

有了追求知识的知识人之后，这些制度就自然会产生和发展；而在缺少知识人的情况下，最好的大学和书院也只是一个居所。更糟糕的是，在知识人自愿堕落的情况下，这类居所越好，知识越遭羞辱。

知识圈在下行，知识也在下行。尽管预测是危险的，但人们可以确定的是，如果这个方向不能逆转，那么中国很快就会面临一个知识的完全“殖民化”时代，一个全面弱智的时代。道理很简单，人们已经不能回到传统不需要那么多知识的时代，知识是需要的，但人们因为没有自己的知识，那么只好走“殖民”路线，即借用和炒作别国的知识。

在很大程度上说，“五四运动”以来中国走的就是这个方向，只是今天的加速度不是前面数十年可以想象的。

第一章

中国知识的悲歌时代

一、中国向世界解释自己，为什么往往都是错的

中国还不能回答“中国是谁”

随着中国的崛起，国际中国学的发展不可说不快。这些年，西方各国无论是企业界、政策界，还是学术界越来越注重对中国的研究。一些传统上只侧重于汉学研究的机构和组织也开始强调当代中国的研究，尤其是与政策相关的研究。对传统汉学来说，学者们感兴趣的是中国的文明、历史、诗歌和语言等等。传统汉学因此也就是古典文献研究。当代中国学则不一样，它是与当地政府、企业界和学界对当代变动中的中国兴趣紧密相关，这里更有背后的强大的物质利益的驱动。传统汉学是学者们对传统中国的互动，而当代中国学是各方面和变迁中的中

国的互动。很简单，只有和一个活生生的中国互动，才能理解中国，才能促进各方的利益的实现。

与此同时，中国方面也有越来越大的动力推动中外中国学的交流。随着中国经济上的崛起，中国有关方面也迫切需要中国的文化“走出去”，来造就中国在国际社会的软力量。中国崛起首先是经济上的崛起，而非军事上的崛起。因为经济力量要比军事力量软得多，中国的崛起因此可以说是“和平崛起”或者“和平发展”。但是文化力量远比经济力量来得软，实行文化“走出去”来软化经济力量，这应当是一个有效的策略。更为重要的是，文化力量往往赋予经济力量一种特殊的意义 (meaning)。因此，随着经济的崛起，中国内部产生了一种强烈的驱动力，希望西方来了解中国，了解中国崛起的意义。于是，各个方面开始努力“走出去”，向西方解释中国。从早期的孔子学院到近来的媒体“走出去”，都是中国追求文化软力量战略的组成部分。

但是，中国学或者理解中国的现状则是令人担忧的。西方学术界对中国研究的情况，在很大程度上是研究得越多，知道得越少。这是西方世界对中国越来越担忧的一个重要原因。中国文化“走出去”的努力的结果也同样不能令人满意。尽管在社会层面，西方和中国的交流越来越频繁，在经济层面，互相整合性越来越大，但似乎是越来越不了解对方。很多年前（2005 年）当温家宝总理访问欧洲和法国签订中国购买 150 架波音飞机协议的时候，就指出过，文化交流要比贸易更重要，并且强调，如果中外贸易代表现在，那么文化交流代表未来。我非常认同这个认识。但是，代表现在的贸易飞速发展，但代表未来的文化交流呢？如果文化交流停滞不前，那么未来肯定会成为问题的。

文化交流当然不是单向面的，需要各国的努力。但我这里要强调的是，中国不能光责怪西方人不了解中国，而是要自己努力提供各种途径让西方来了解中国。但目前的情形是，我们中国人自己都不了解自己，不能回答“我是谁？”的问题。如果是这样，如何要求西方了解中国呢？

西方“看着苹果（西方）来论述橘子（中国）”

根据我的观察，西方中国研究存在着几个大的障碍。首先是价值观问题。这是难免的，因为任何一个社会的学者都会自觉或者不自觉地用已经接受了的价值来看待另外一个社会。韦伯 (Max Weber) 曾经非常强调在认识社会和分析社会时要做到“价值中立”(value-free)，但这仅仅是个理想，能做得到的仅仅是少数几个学者，大部分学者是做不到的，更不用说政治人物了。“看着苹果（西方）来认识橘子（中国）”是西方学者的一个普遍趋势。西方学者用苹果来看橘子，也希望中国这个橘子能够演变成为苹果。马克思说知识分子的两大任务是“认识世界和改造世界”。对很多西方学者来说，他们“认识”中国的目的就是要“改造”中国。而改造中国则更具有价值观含义。当然，西方人也的确相信，他们是有能力根据他们的价值观来改造中国的。

这使得学术具有了政治意义。实际上，要“改变中国”几乎是中国和西方开始打交道时西方人就有的信念。西方能够改变中国意味着什么？很简单，就是引导或者迫使中国成为一个符合西方理念的国家。从历史上看，当西方（错误地）感觉到中国正在往西方所想象的方向发展时，就感到高兴，中国和西方的关系也会表现出密切；但当西方感觉到中国的发展方向和西方所想象的背道而驰时，就感到悲愤，双边关系也自然转坏。

所以，当20世纪中国开始改革开放时，西方对中国表现出惊人的友好。当时很多西方人认为改革开放会使得中国成为另外一个西方式国家。邓小平几次登上美国《时代》周刊就很有这方面的味道。但是，当1989年春夏间的政治风波发生后，西方人的“中国梦”很快就破灭了。美国领导整个西方对中国实行了各方面的制裁，而这些制裁到今天还在影响中国和西方的关系。

1989年以后，中国和西方的故事，大都是中国主动向西方调整政策。尽管两者之间的关系也有起伏，但总体上说是中国有意愿向西方利益作调整。在经济方面，中国加大开放自己的大门，“邀请”西方资本到中国。中国尤其花了很大的精力加入世界贸易组织。中国加入世界贸易组织对西方来说具有标志性意义，因为这意味着中国接受了西方主导的现存国际经济体系。在政治上，尽管中国官方努力抵制西方式的政治发展和民主化，但中国也表现出了很大的意愿在一些敏感的政治领域（如人权）和西方对话，接受联合国人权公约。中国向西方调整政策的意愿也促成了西方的对华“接触”政策，就是说，西方配合中国的调整，来促使中国更快地朝西方所希望的方向变化。很多西方政治领袖坚定地相信中国的权威主义政治会随着自由市场的发展而消失。

更为重要的是，隐含在西方人“改变中国”信念背后是一个坚强的道德判断，那就是西方代表着现代历史唯一正确的方向。中国只有接受西方的引导才是正确的，否则就是错误的。西方的信念符合其文化价值和国家利益，在这个信念主导下，西方很难意识到其在认识和理解中国过程中有需要做到“价值中立”，更不用说从中国的角度来认识和理解中国。

西方认识中国的第二个瓶颈是方法论问题。尽管西方一些学者的价值观阻碍了他们对中国的客观认识，但主要还是一个方法论的问题。西方学者用西方的概念和理论来分析中国，正如在西方本位价值立场上观察中国一样，也往往产生一种“看着苹果（西方）来论述橘子（中国）”的局面。到目前为止，大多西方社会科学的概念和理论是西方社会科学家用西方产生的科学方法来观察西方社会现象的产物。对很多概念，西方学者之间本身就有很多争论，但鉴于概念出自对西方社会现象的观察，在方法论和其所产生的概念、理论之间存在着内在的逻辑一致性，因此总会被人所接受。不过，当这些概念和理论被用于解释中国现象时，这种逻辑一致性就消失了。结果往往是，西方学者在对中国研究过程中，批评（或者赞扬）多于解释，只问“为什么”，而不问“是什么”。或者削足适履，或者盲人摸象。

在方法论方面，西方学者，还面临一些研究技术问题。一种情况是，一些学者越来越侧重于微观层面，研究题目越小越好。这是可以理解的，因为从知识发展和增长的角度来看，从微观层面入手更有可能有新的发现。但这种情况往往产生“研究得越多、知道得越少”的局面，或者中国人所说的“只见树木、不见森林”的情况。进而，这样得到的知识也很难应用到其他的时间和空间的社会现象。这些学者通过各种研究调查技术了解到很多细节，但不了解这些细节和其背景的关系。另一种情况刚好相反，学者们想通过研究中国得到一般性的结论。往往是带着既定的一套观念方法，绕开背景资料和历史脉络，寻找到一些可以操作数据和案例（不管是经济数据还是社会数据），用现存的技术来处理。这些学者往往不知道中国的经济、社会和政治的背景，没有细节。文章可能做得很好，但不知道文章在讨论哪一个国家的问题。就是说，社会科学中的“社会”消失了，所留下的只是科学。但很显然，离开了你所谈论的“社会”，“科学”也不是科学了。

西方社会科学在18世纪、19世纪的时候得到了飞速的发展，经过亚当·斯密、马克思、韦伯、涂尔干、帕森斯等诸多大师的建构，已经确立了宏观的

“大理论”(grand theory)。社会科学家们已经把各种制度背景说得很清楚了，并且有长时期的争论，人们对经济、社会和政治等各方面问题的共识和分歧看得比较清楚。在这样的情况下，学者们转向微观是可以理解的。再者，从制度层面来说，西方国家和社会的各个方面已经高度制度化，尽管在细节和规模上或有损益，但总体制度结构和原理相对恒定不变，这也使得西方学者可以在宏观制度变量不变的情况下来研究微观的行为。但中国显然并没有这种情形。自近代以来，中国一直处于大变动和大转型过程之中，这个过程迄今还没有完成。因此，很多概念和理论放在西方的背景合情合理，但一旦被机械地搬到中国的情形中，就显得不适时宜。

中国“依葫芦画瓢”，与中西方的相互“误解”

要理解中国，中国学者本身应当尽最大的责任。实际上，较之西方学界，中国的研究界存在着更大的问题。其实这其中的很多困难是多数西方学者所不能克服的，但对中国学者来说要克服并不难，问题在于中国学者本身并没有问题意识。

首先是中国学者的价值问题。西方学者认识中国有价值问题，但很荒唐的是，中国学者在这方面的问题似乎更为严重。从“五四运动”以来，中国的传统价值观发生了动摇。无论是学者还是政治人物，都试图用西方的概念、理论来解释中国现象。这里既表现为学术概念和理论问题，也表现为价值问题。很显然，西方的很多概念是西方价值的载体。学习西方成为风潮，并且被视为是政治上正确。在学术研究上，抵制西方被认为是政治上不正确。这就造成了滥用西方概念和理论，随意曲解中国历史事实和现象。结果就是，不是用苹果（西方）来批评橘子（中国），就是把苹果皮硬贴到了橘子上。我随便举一个例子。从“五四运动”以来，大多中国学者都说传统中国是“封建专制”。我想，直到今天，很多人对这个概念仍然深信不疑。但问题是，封建专制不是一个事实。在西方的历史，封建和专制是两码事。要么封建，要么专制，两者不能生长在一起。封建意味着分权，即西方统一民族国家产生之前的封建制度。而专制指的是另外一种国家形态，即高度集权的统一民族国家。在西方，人们很明白从封建到专制的转型过程，指的是两种不同的政治体制形态。但在中国，秦朝之后再也没有类似于西方的封建了。同样，中国也不存在西方专制政治形态的一整套基本国家制度。严格地说，到现在还没有。这里不是要为中国传统的制度作辩护，只是想说明，西方的很多概念说明不了中国的历史或者现实。用西方的价值来否定中国的传统并不能使得我们对中国有更好的认识；反之，它阻碍着我们对自身的认识。

价值观之外，那就是方法论问题了。中国本身没有社会科学传统，要做研究就不得不用西方的概念和理论。这也是可以理解的。但对大多数人来说，学习西方就是搬用人家的概念和理论，而方法反而在其次。在很大程度上说，自“五四运动”以来，中国的知识分子扮演的只是一个西方“代理人”的角色，或者说，他们所作的和西方学者所作的并没有什么两样，是把西方概念和理论传播和应用到中国。直到今天，这个传统还是根深蒂固。改革开放以来，中国学术大面积地西方化、美国化。学习西方是应该的，因为这是一个了解西方的过程。但学习西方并不见得照搬西方的思维方式。今天，随便到哪一个书店，随便翻一本书，人们可以发现，除了大量的连作者自己都没有完全理解和消化的西方概念，什么都没有。从前还讲一些一点“中国化”的口号，现在连这个口号干脆也取消了。很多人是机械搬用。一些人言必称“马克思”，而另一些人言必称“希腊”。很少有人真正在研究中国，也很少有人在真正认识中国。

结果怎样呢？学术研究变成空谈。这使我想起了中国左派和自由派之间对政治改革的争论。“左派”和“自由派”长期以来对中国政治改革处于无谓的争论之中。尽管两派的观点正好相反，但思路一模一样，即两边针对的都是同样一个“稻草人”。自由派一谈政治改革总是离不开西方式“多党制”和“三权分立”。他们把西方的制度看成是普世的。他们看到了中国的问题，就简单以为一旦选择西方道路就可以解决中国的问题。或者形象一些说，他们是看着苹果（西方）骂橘子（中国），认为橘子没有救了，只有把橘子变成苹果才好。所以中国政治改革的目标就是把“橘子”变成“苹果”（应当指出，他们中的一些也的确真诚相信“橘子”是可以变成“苹果”的）。

左派的观点刚好相反。他们立场明确，反对自由派所提倡的一切。一旦谈及政治改革尤其是民主政治，就如临大敌。左派从心理上抵御民主，认为民主仅仅属于西方，中国并不需要。他们过分突出中国特色、国情、文化等因素。在他们看来，中国和西方的不同不仅仅是苹果和橘子之间的区别，而是一个是水果，一个是蔬菜之间的差异。实际上，“左派”使用的话语大多也是从西方引进来，包括新马克思主义。

学者和社会现象之间的关系，就类似于医生和病人之间的关系。医生根据自己所学的知识和掌握的技术为病人看病。如果医生看不好病，他（她）只能反思自己所学的知识和掌握的技术，而不能说病人的病“生错了”。那么看不好“病”怎么办？需要的是修正所学的概念和理论，因为“病”作为一个客观的事物存在着。而对很多西方学者和中国学者来说，如果他们的理论解释不了现实，就说“现实”错了。这样当然不会促使人们去认识客观现实，增进对客观现实的理解。

应当指出的是，改革开放以后，中国也产生了很大一批掌握了西方社会科学研究技术的人才，包括留学生和中国自己培养的学者。在技术上，他们中很多人现在已经能够和西方学者平起平坐，甚至比西方学者更优秀。他们可以在西方的主流学术杂志上发表文章。可惜的是，他们学到了西方的研究技术，而非方法论意义上的社会科学。和西方学者一样，他们的社会科学研究中强调的只是“科学”，而没有“社会”。当然，如前面所说，这种研究很多都是肤浅的“科学”（很多严格来说只是对一般寻常见识的形式化表述），如果不能说是伪科学的话。

在这种情况下，中国的中国学研究也同样在曲解中国本身。要么自欺欺人，要么欺骗他人。因此，中国和西方之间越来越深的“误解”也有中国本身的原因。长期以来，中国也的确在误解西方。改革开放以来，中国人本身也对自己国家的变化充满信心，很多人也相信，随着改革开放和世界接轨，中国本身也会成为类似于西方的国家。一些中国学者在他们发表的论文中，大都想传达这个信息。这样的话语表现在政治人物和外交官，还可以理解，但表现在学界则很不应该了。亚洲的一些政治人物就是这么做的，在自己社会实践表面上的西方民主，然后告诉西方，我们变成你们了。政治人物可以哄骗他人，但是学者不能这样做。学者追求的是真理，不是一时的宣传效果。

因为相信自己会成为另外一个西方国家，很多中国人也相信西方理所当然会接受中国。中国在接受和加入现存国际体系的同时也提出了诸如“和平崛起”“和平发展”和“和谐世界”等政策主张。但是，在很多问题上，很多人总不愿意去考虑西方会接受一个什么样的中国的问题。无论是政策界还是媒体，都是有选择地接受和转述西方释放出来的信息。很多方面的信息在中国得到无限的放大，例如对中国“有利”的论述，主要包括那些在中国有巨大利益而对中国说尽好话的论述，以及那些对西方本身持有批评态度的论述。同时，很多相反的论述被缩小。

中国对西方的“误解”也影响着中国人对真实世界的看法，影响着中国的对外关系。在政策层面，中国往往对国际格局的变化没有很好的思想准备。一旦发生，不知道如何应付，往往造成“救火式”的反应。在很大程度上说，甚至连对本身崛起对外在的世界的影响及其外在世界对中国崛起的可能反应，中国也缺乏足够的理性理解。在政策层面，除了一些表达中国的善意的政策口号外，没有任何理论创新来解释中国崛起对世界的意义。而无论是政策界还是社会层面，在很多国际问题上，一直停留在表达“喜、怒、哀、乐”情绪的层面，所缺少的是对真实世界问题的理解和对问题的理性回应。

二、中国国际知识链上的低附加值问题

改革开放以来，尤其是近 20 年来，随着经济的

高速发展和政府财力的增加，中国政府大量投入科研（包括各类大学和研究所）。这种科研投入自然是为了未来的发展。尽管可持续发展包含有很多方面的意义，但科研投入无疑是其中最重要的一个因素。从历史上看，技术和新知识的突破对社会经济的发展的影响不是其他因素所能比拟的。

政府的投入已经产生了一系列积极的效应。中国研究者在国内学术刊物上发表的论文数量暴增，他们在国际学术刊物上发表的研究论文的数量也有很快的增加。

中国在一些领域的研究也走在了世界的前列。在任何国家，国家的投入要取得一些方面的突破是有可能的，但如果要取得知识领域的全面进步并不容易。

但总体上来说，中国在世界知识链上仍然处于底端。就是说，中国知识产品的数量极其庞大，但是附加值非常低。前不久，一些专家从中国各高校和科研机构考察后感叹道，中国科研人员的数量如此之多、他们所写的研究文章如此之多，都是世界上所罕见的，但可惜的是，大多数研究人员都在重复地做低层次的简单的研究工作。

这个现象非常重要。就像中国的工业产品一样，中国所生产的知识大多是对人家现有知识的重复和复述，附加值非常之低。如果工业品需要升级，就是说要提升附加值，那么知识界也是一样。

如果不能有效提升中国在世界知识链上的附加值，那么中国的科研就很难得到具有实质性意义的进步。这种情形不仅会成为中国各方面发展的阻碍，而且国家本身也很难成为一个名副其实的大国。

研究体制和政策上的阻碍因素

那么中国的知识附加值为什么那么低？或者说，过去很低，但现在仍然得不到提升呢？到底有哪些因素阻碍着中国在世界知识链上追求高附加值呢？又如何革除这些阻碍因素呢？很显然，并非存在着单一因素，有很多因素通过不同途径影响着中国的科研领域。这同时也说明改革是一件综合的艰苦事情。

有很多因素，但归纳一下，不外是研究体制和政策两大类。体制类的原因，很多人总会把之归于政治体制，尤其对社会科学来说。政治因素很重要，但并不是最主要的，也不是不可克服的。很多阻碍来自一些具体的制度和政策，而非总体政治制度。

首先看中国的研究体制。在西方，各国的大学都会分为研究型大学和教学型大学。中国 20 世纪 90 年代在讨论如何进行教育改革的时候，也有把大学分为研究型和教学型的设想。但是，后来实行的教改则是和这个设想背道而驰的。

在大学的合并风中，很多教学型的大学被合并和强行提升为研究型大学。大学合并风的原则是让优秀的大学合并一般型的大学，因为这给被合并者提供动力。但合并以后，对各校的科研体制却带来了很大的冲击。很多原来在一般型大学的人本来就不具备科研素质，但现在被迫写文章，因为他们必须符合研究型大学的标准。在这种压力下，尽管论文数量上去了，但毫无质量可言。中国的大多数研究人员和学者是在“写”文章，而非在作任何有意义的研究和思考。

而“写”的过程，则往往容易演变成了“抄袭”

的过程。抄外国学者的，也有本国学者互相抄的，有学生抄老师的，还有老师抄学生的，无奇不有。很显然，写文章、抄文章是没有任何附加值的。

学术组织的泛行政化

学术组织的泛行政化是另外一个重要的阻碍因素。中国是用行政来组织学校和科研机构的，这在世界上很少见。

学校和科研组织本来应当是最扁平的，但在中国，它们和政治组织一样具有等级性，包括校长和研究所所长的所有职位都是有行政级别的。泛行政化带来了一系列的负面效应。

首先是人们所说的“武大郎开店”的情况。这里指的是这样一种情况：因为是行政级别，任用校长和所长的最大的考虑就不会是他们的学术或者专业水平，而是他们的政治和行政经验。而非常低或者较低的学术和专业水平，又进一步阻碍他们录用高水平的教员。

这样就出现了社会上人们所说的一流的学生、二流的教授和三流的校长的情况。

所以，尽管领导高层一而再、再而三地强调人才的引进和使用，但到了具体的单位，对人才则表现出巨大的排斥性。在这种情况下，人才的录用对各大学来说还是阻碍重重。这是中国的大学和科研机构很难吸收到高层次人才的一个主要原因。

泛行政化也影响人才的专业精神。要追求高的知识附加值，专业精神是一切。道理很简单，所有的知识附加值来自于专业。

在中国的体制中，一个人所能掌握或者所能分配到的资源与其行政级别紧密相关。为了引进人才，有关部门一定会给引进的人才一个行政职务，这就导致了两方面的后果。第一，因为有了行政级别，得到这个行政职务的人才就必须要大量卷入行政事务，消耗掉其大部分研究时间，很多甚至根本就没有时间做学术研究。

第二，因为这个行政级别，这个人才必须具有很高的政治意识，也就是说，其科研必须受政治的影响，这在社会科学领域尤其如此。

院士制度与“寻租”

专业职称的“寻租”也阻碍着知识附加值的提升。院士制度就是一个很好的案例。院士制度的本意就是要为知识精英（那些处于知识附加值高端的研究者）提供一个良好的研究环境。但在中国的院士选举制度的实际运作过程中，在很大程度上说，正式规则已经不发生任何作用，真正主导院士选举的是潜规则。

在潜规则主宰下，院士的选举重点不再是知识和可能的学术贡献，而是金钱和物质利益。每次院士选举，各高校和研究所都会做各种各样的资源动员来争取自己的人被选为院士。

很多年里，这种动员甚至已经延伸到各省市地方领导，他们也会全力动员各方面的资源为本省争取院士名额。当然，这样做并不是为了院士，而是和院士关联着的经济利益。

科研经费分配过程中各级政治权力的介入，也使得中国的科研领域成为腐败的重灾区。在任何国家，国家科研经费是国家提升知识附加值和知识创新的一个重要手段。在科研经费的分配方面，再也没有比专业精神更重要的了，因为只有专业人员才懂得一个知识领域的过去、现在和未来，他们知道应该把经费用在何处。但在中国，科研经费的分配则成了各种既得利益的较量场合。

以政治力来分配科研经费是中国的又一个潜规则。结果，大量的经费被投到毫无知识附加值的研究领域，而真正能够从事知识生产和创新的人才得不到所需要的资助。

科研经费分配出了问题，对科研结果评审和验收更是经常变成不言自明的腐败游戏。实际上，科研经费分配的过程已经决定了不可能对科研结果进行评审和验收了。

从申请经费到使用经费，这里的中心自始至终都是经济利益，而非知识。在这个角度上说，国家科研经费制度在知识附加值的提升方面是失败的。

尽管中国似乎在知识领域发生着一场“全民运动”，即每一位研究者都在做研究，但是中国和世界在知识领域的差异正在拉大，并且拉大得很快。传统计划经济体制下的科研体制曾经创造了一些了不起的科研成就（如两弹一星），但现在这种传统体制既不适宜，实际上也被彻底冲垮。新的科研体系，也还没有建立起来。

尽管有关方面在做各种努力，建立这样那样的制度或者规定，但并未完全发挥出积极的作用。在各种潜规则主宰下，科研体制腐败盛行。科研体制不作彻底的改革，科教兴国就会一直只能作为梦想而存在了。

三、思想贫困及其方法论根源

今天中国知识界突出的一个现象，就是知识短缺或者有效知识供给不足，这可以从两个层面来看。从学术上，知识至少能够有效解释中国社会的现实，在解释的基础上提升为概念和理论，从而建构中国社会科学；从政策上，知识至少能够有助于改善各种制度体系的运行和决策的有效性。

为什么会产生这种现象？很多人很随便地指向政治上的原因，认为是因为中国缺少充分的学术自由，政治对学术和思想发展有太多的制约。尽管政治因素的确对学术和思想产生影响，但如果光强调政治原因则太过于简单。就中国历史来说，中央权力的解体经常导致文学和艺术等方面的巨大成就，不过，这些时代却没有在政治、经济和社会思想方面有巨大成就。另一方面，在中央集权的时候，也没有阻止思想家的出现，例如宋朝的朱熹和明朝的王阳明等。

不管怎样的政治，没有人能够阻止得了一个人的思考和思维。知识短缺的背后是思想的贫穷，思想的贫穷背后则是思维方法论的贫穷。这里先讨论前面四个原因，即知识的道德化、权力化、金钱化和名誉化。

道德拜物教

其一，知识的道德化，或者道德拜物教。道德化是中国知识界最为普遍的现象。这种现象存在了数千年。传统上，儒家是生产官方知识体系或者意识形态的主体，而儒家知识体系的主体就是道德。无论是立论还是反驳不同意见，大多数学者首先想到的是去抢占道德制高点。道德制高点有两种，第一种是集体道德，即为国家、为社会；第二种是个体道德，即个人修养。就第一种而言，不难发现人们往往用爱国主义、“为民请命”“为生命立命”“先天下之忧而忧、后天下之乐而乐”等等一大堆概念来为自己辩护，或者反驳人家，把对方置于这些道德立场的对立面，例如“不爱国”“汉奸”“自私”等等。就第二个层面来说，很多人会强调个人道德，“自命清高”，对别人的意见不屑一顾。

尽管无论是集体还是个人道德，都是人的知识活动的基点或动力，但却并不能替代对知识的追求，抢占道德高地也不能有效回答不同观点和意见。再者，如果没有知识，光是道德教条如何能改善社会呢?

其二，知识的权力化，或者权力拜物教。知识和权力之间的关系是双向的，可以从“知识就是力量”

到“权力就是知识”。从权力认同到知识认同，甚至把权力视为是知识，一直是中国文化的通病。当然，这并不是在任何意义上说，掌握了权力的人就没有知识。传统上，中国儒家这个群体既是权力掌握者，也是知识掌握者。但作为学者，这里必须给权力和知识之间设置哪怕是心理的边界。

如果权力替代知识主要是政治人物的事情，另一端则是知识分子通过权力来获得知识的影响力。对学者来说，追求知识不能通过和权力的关系，追求知识的影响力更不能通过权力的关系。可惜的是，这种现象现在非常流行。学者没有自己衡量知识的标准，而依靠政治人物的认同（“批文”等）。也有一些通过投靠政治人物来获得影响。政治人物可以表达对知识的喜爱或不喜爱，但这并不能作为衡量知识的标准。用政治人物的意见来论证自己的知识或反驳其他人的知识，并不能对特定知识做出任何判断。

在知识和权力的关系上，还有一种情形就是学者论证自己或反驳他人时，诉诸政治化的解释。这种情形类似上述诉诸道德的解释。例如，当不能接受他人的观点时，就搬出爱国主义，说人家“不爱国”“汉奸”“带路者”之类。在另一端则是，一旦有学者对现实政治比较肯定，另一方就会说他是“五毛”之类。这两类人尽管使用不同语言表达对对方的厌恶，但他们的思路是一模一样的，只是立场不同而已。这里只有立场，没有知识探求。除了互相讥讽和攻击，没有理性思考。至于那些人身攻击的情况，在真正的知识界，这些人是被人不齿的，是“非知识类”。

其三，知识的金钱化或金钱崇拜。和知识的权力化一样，这里也有两种情况，一是金钱走向知识，二是知识走向金钱。就前者而言，企业家捐款盖各种大楼、研究机构，甚至大学等，不仅无可非议，也是需要鼓励的。再者，很多企业家具有非凡的思想和丰富的实践经验，能够生产出知识界本身不能生产的知识。不过，在中国，往往是企业家利用大学等知识平台来宣扬没人听得懂的“概念”和“理论”，甚至宣扬各种迷信（中国很多企业家都是迷信的），毫无学术价值。

如果金钱走向知识的主要责任不在知识界，那知识走向金钱则是知识界的责任。这里是真正的金钱拜物教。为了金钱等物质利益，一些学者成为商业投机的一部分，他们用所得到的金钱数量，来衡量知识的价值。是否是知识变得不重要，重要的是知识所能转化过来的金钱。在这个过程中，知识分子就把自己出卖给了金钱。

其四，知识的“名誉化”或名誉拜物教。这表现在个人和机构两个层面。在个人层面，中国学者对西方所设立的各种奖项的崇拜，到了匪夷所思的程度。对很多学者来说，获得一个奖意味着所有的一切。因此，大家都要拼命去抢。在抢不到的地方，一些人就会抱怨西方不公，自己也去搞，结果都是一些不伦不类的奖项。名誉崇拜也表现在普遍流行的“头衔文化”。一些学者并不满足于只有一个“教授”头衔，似乎有了很多头衔就能表明其价值。

画地为牢自我禁锢

类似的还有期刊拜物教。西方的学术刊物制度已经很完善，主要是匿名评审制度所带来的学术标准。

不过，西方期刊制度本来是为了管理图书之便建立起来的，并不是用来评价学术和知识的高低。但中国学界拿过来把它当成学术评价体系。当然，这种现象在东亚社会都很流行。这可能也是无奈之举，因为中国学界本来就没有什么自己的标准，到现在也确立不起来，只好拿人家现存的东西作为标准。结果怎样呢？画地为牢。西方的学术和学术刊物是多元的、开放的，西方学者不会为期刊和期刊制度所禁锢，但中国学者则把自己紧紧禁锢住了。

今天，中国学者也拼命到西方期刊发表文章，从数量上说成果显赫，但有多少新思想呢？很多学者掌握了西方学术的技术，并在技术层面超越了西方学者，但思想是苍白的。到现在为止，至少在社会科学，还是拿不出一个中国学者创造的概念来，更不用说是理论了。即使西方所谓的顶级学术刊物，有多少获得诺贝尔奖的学者在那里发表过文章呢？或者说这些杂志在人们追求学术或思想的过程中，扮演了什么重要的作用了吗？在很多中国学者那里，似乎能在这些杂志上发表文章就有学问，就有思想了。要知道，一些诺贝尔奖的研究成果首先是出现在讲座、简报等中国人根本看不起的平台上的。

在这方面，机构和个人也差不多，甚至更为糟糕。西方有学校排名体系，中国自己也搞。各个大学之间的竞争，犹如各个省份之间的 GDP 增长率的竞争。无论是评价体系还是各方面的竞争，应当存在，但问题在于错误的引导。知识的生产及其影响，并不是排名排出来的，也不是学者之间竞争出来的。知识的生产有其特殊性，需要一个特殊的思考环境。中国的教育机构显然并没有从提供环境入手，来辅助知识分子的知识生产，所设置的各种制度反而成了知识生产的严重阻力。

名誉崇拜背后有很多根源，但主要包括“硬”的利益和“软”的自信赤字。“硬”的利益不难理解。每一项名誉背后就是庞大的来自政府、企业和社会的政治、经济和社会利益。“软”的自信赤字就是学界和机构对自己没有信心，只能求助于外在标准来衡量自己。对学者来说，获奖只是副产品。获奖当然是好事，因为它表明同行乃至社会的承认和认可。

不过获奖并不是知识本身的使命。学者不是为了获奖而去生产知识，而是等知识生产出来后，遇到“好运”被人家看上了。历史上有多少好的思想，在当时并没有被他人所认识、所承认，但对人类产生了巨大影响。

同样，期刊制度也很重要，因为它至少提供了一个最低标准，保证最低限度的学术水平，但是学者不能为了要在特定期刊发表文章而写文章。只有等知识被生产出来之后，期刊才变得重要。一篇文章即使不被任何期刊所接受，也不见得就没有思想。再者，期刊制度更不能成为行政官员管理教授的手段；一旦这样，为了文章而文章，知识追求的目标便消失得无影无踪了，这便是中国学界的现状。

中国缺少有效知识的供给，除了上面所讨论的四个原因之外，即知识的道德化、权力化、金钱化和名誉化，至少还有如下五个原因或者廉价的方法论。

事物的意识形态化和政治化

其一，世俗主义的宗教化，或者“主义”拜物教。

宗教与世俗知识是不同的东西。尽管世俗知识并不能否认宗教，但宗教不能等同于世俗知识。宗教是信仰，人的信仰本身也是可以成为世俗知识研究的一部分。但与宗教的不可验证性不同，所有世俗知识是可以验证的。所以，在西方世俗知识（包括对宗教的研究）和宗教信仰并行不悖。在中国，通常的情况是世俗知识和宗教不分，结果导致了世俗主义的宗教化，也就是人们包括知识界的很多人把主义当成信仰，结果阻碍了知识的生产和发展。

世俗的主义，包括自由主义、民主、民族主义、社会主义、共产主义、马克思主义、毛泽东思想等等不计其数，都是人们（主要是学术界）对人类不同发展阶段的时代特征的概括（概念化）或者解决这个时代所面临的各种问题的方法。一种世俗的主义往往包括两个方面，一是对问题的分析和诊断，二是解决问题的方式。解决问题的方式又可以是实证的、经验的和技术层面的，也可以是倡导型的。但是，一旦这些世俗主义被宗教化，就不再是生产知识的工具或者知识所分析的对象，恰恰相反，它们就变成了知识生产的思想阻力。例如，马克思主义本身就是社会科学的一个大方法，到现在为止仍然具有很强的生命力。在分析和解决很多社会问题上，较之其他思想，马克思主义方法更为有效。不过，一旦宗教化，马克思主义就失去了其生命力。再者，马克思主义是在和其他主义的交流、争论和斗争中产生和发展起来的，一旦宗教化，马克思主义便成为只是批评其他主义的工具，不再具有分析能力，毛泽东思想也是这样。毛泽东思想的基础是毛泽东对中国实际问题的思考，其解释中国社会和解决中国社会所面临问题的能力就在于它起源于中国社会这个简单的事实。但即使对毛泽东思想，人们也宗教化了。一旦宗教化，不仅限制了马克思主义和毛泽东思想等本身的发展，更是阻碍了其他思想的产生和发展。更有意思的是，一旦宗教化，人们便具有了强大的动机来为一种世俗主义“殉道”。人们不时看到，一些学者为了一个其所信仰的“理念”而“殉道”。但是，除了可敬的“道德勇气”之外，从知识发展来说，“殉道”又能带来什么呢？

其二，社会事物的意识形态化和政治化。社会事物就是人们可以观察到的正式的制度、组织、机构等和非正式的风俗习惯等。这些社会事物都有其产生的原因和发展逻辑。从知识角度来说，它们都是可以加以分析的。可惜的是，在很多时候，学者们经常把社会事物意识形态化和政治化。一旦这样，既为知识探究设置障碍，也很难寻找解决社会事物所面临的问题。这里可以举国有企业为例。国有企业是典型的社会体制，其产生和发展有其自身的逻辑。国有企业的表现无论好坏，都是可以加以分析的，其所出现的问题也是可以找得到解决的方式的。不过，人们往往把国有企业意识形态化和政治化，例如把国有企业和执政党和国家的命运绑架在一起，一旦如此，便超越了知识分析的范畴，对国企的分析仅仅是一种价值判断了。对民主政治也是如此：在西方，民主在其产生和发展的很长一段历史时期里，是作为制度安排和技术手段来解决现实政治问题的。即使今天的西方已经把民主视为一种意识形态和价值观，但在很多方面，民主仍然主要体现为一种制度技术手段。不过，在中国，从一开始，民主就是作为一种意识形态和政治价值来追求的。这就是前面所讨论的把一种世俗的主义宗教化了。

其三，知识的神秘化，或者巫术崇拜。知识本来就是为了解释神秘，去神秘化，但现在神秘的东西替代了知识。就如宗教，巫术可能是一个客观的存在，知识和巫术也是可以平行存在的。但当巫术替代知识或者用巫术方法来追求知识的时候，所产生的往往是那些不能加以证明、似是而非的东西，而非知识。

知识领域的“巫术化”的表现五花八门，但也具有一个共同特点，那就是，在找不到科学答案的时候，或者没有能力来解释某一现象的时候，总会去找寻一个神秘的似是而非的“替代”答案。这里仅举“阴谋论”为例。在经济领域，当货币市场不稳定的时候或者当股票市场经历剧烈波动的时候，一些人总能找到“敌人”的阴谋来解释之。在国际关系领域更是如此，往往把问题的根源归于“外部敌人”的阴谋，如美国、日本、支持恐怖主义的外国政府等等。在知识领域，“去巫化”就是要破解被认为是神秘的“阴谋”，把阴谋放在阳光下。但当今的知识界则扮演了一个相反的角色，一些人把明明是可以解释、也可以解决的现象和问题“阴谋化”或者“巫术化”。这些年来，形形色色的“阴谋论”可以说满天飞，不仅广受普通百姓欢迎，政治阶层的一些人居然也深信不疑。这里当然不是说，这个世界没有“阴谋”了，而是说，所有这些被中国的知识界视为“阴谋”的东西实际上都是“阳谋”。例如，在全球化状态下，在考虑货币或者股票市场的时候，外在的要素当然是要考虑在内的。国际关系更是各国较量的地方，不管什么样的外在力量，如果有可能，总是要影响到中国的。如果不能考虑到外部因素，那只能说明自己的无知和无能。以“阴谋论”来掩饰自己的无能和内心的恐惧，不扪心自问，这就使得知识“巫术化”了。今天，无论是内政还是外交，局势变得越来越复杂，这就需要人们科学理性地去看待所有这一切。知识界不能“去巫化”，对中国的长远影响是可想而知的。

知识的娱乐化和虚假化

应当意识到，类似的社会文化现象也并不是中国所特有的。西方社会在发展过程中也经历了类似的情形。西方在中世纪也经历了漫长的黑暗和愚昧的时代，经过了后来的文艺复兴和启蒙运动才改变了文化愚昧的情况。同样，在经历商业革命之后，西方再次面临文化重造的挑战。中国文化如果要有出路，就必须对之进行重造和重构。的确，正如一些人一直在呼吁的，中国需要一次新的启蒙运动。不过，在从事启蒙运动之前，人们可能不得不对近代以来的启蒙运动进行深刻的反思。如果不改变从前启蒙的政治性，那么情况或许会变得更加糟糕。如果不能引入科学和理性精神，任何复兴传统道德体系的努力会走向反面，国学运动带动了“巫术”文化的复兴就是一个很好的例子。

其四，知识的娱乐化。知识的娱乐化不是指学者们快乐的写作风格，也不是指追求知识本身所产生的无限快乐感，而是指人们把知识作为一个客体或者娱乐的工具，并且往往表现在犬儒主义。在中国更是表现为两个非常的极端，在一端是一些学者对人、事物、理论概念的极其激情地歌功颂德，在另一端是另一些学者对同样的东西的最恶毒的怒骂诅咒。娱乐化很像美学里面的“移情”，把自己的喜爱或者厌恶投射到一个外在的东西。实际上，这样做，与其说是在追求知识，倒不如说在糟蹋知识。在今天的中国社会，因为社交媒体的出现，知识的娱乐化趋向越来越严重。在社会媒体时代，很多学者已经变成了“自媒体”的经营商，使用一切手段在把知识娱乐化之后销售出去。这是一个对知识毫无敬畏的时代，也是随意亵渎的时代。

其五，知识的虚假化。虚假化表现为多方面，例如知识是抄袭而来，而非自己生产出来的；又如，知识是假的，既不反映现实，不能解释现实，更不能解决社会所面临的问题。实际上，上面所说的所有现象都可以导致假知识的产生。例如，在使用方法论方面，很多学者往往成为西方工具的奴隶。他们在研究过程中，并没有找到中国的命题，而是简单接受了西方命题，只是用中国的材料来论证（或者反证）西方命题。因为被西方工具所捕获，一些学者往往为了使用一种特定的西方工具而去寻找中国材料。这样产生出来的知识表面上因为方法论而很精致，但实际上是假性的。其次，上述各种知识生产机制所产生的巨大压力也很重要。因为压力（解读为在特定的时间内生产出一定的知识来），一些学者就去抄袭人家的知识，或者包装人家的知识。再次，如前所说，追求利益和荣誉也是一个重要因素。

不管是什么原因，简单地说，一句话，知识界的“奴隶化”和“异化”导致了知识的“奴隶化”和“异化”。一些学者，尽管承担着生产知识的责任，但从来就没有确立过对知识本身的认同，从来不是为了知识而知识，知识对他们来说从来就是达到其他目标的一种工具。所以，也很简单，只有当知识生产者们开始把知识视为具有无上价值的时候，也就是知识的目标只是知识本身，而非其他任何目标的时候，他们才开始去寻求和探索知识。没有这种知识认同，他们会处于知识短缺和思想贫穷的永恒状态。

第二章

知识就是权力

一、知识分子与权力

很长一段时间以来，我一直在思考“知识分子的权力从何而来”这个问题。权力在英文里是 power。“power”这个词中文也可以翻译成为力量。无论是力量还是权力，从社会学的角度来说，都是一种能够影响人类行为的能力。说知识分子的权力就是说知识分子作为个人或者群体对其他个人或者群体的影响力。

知识就是权力：知识分子可通过创造知识获得权力

知识分子的权力从哪里来？这个问题表面上清楚，但实际上很不清楚。我之所以提出这个问题，因为从历史和现实看，在知识和权力之间，一直存在着两种现象。第一种现象是知识和权力的一体化。中国社会很少讨论知识的权力，往往把权力这个概念给予其他领域，尤其是政治领域，即一般所说的政治权力。没有人会怀疑政治权力的存在，但也很少有人会相信知识本身的权力。在中国，对知识来说，如果要获得权力，就只好选择和拥有政治权力的个人或者群体联系在一起。也就是说，知识只有通过和政治权力的关联才得到权力，而知识本身不能体现为权力。第二种现象是知识和权力之间的紧张关系。这种现象往往发生在那些掌握知识但没有权力的人那里，这些掌握知识的人认为自己应当有权力，不满于没有权力的状况，和掌权者竞争权力，于是出现紧张状态。也就是说，反权力的人也是为了追求权力。

这两种现象在中国的知识环境中都具有重大的意义。知识和权力之间的这两种关系在很大程度上决定了中国知识体系的性质。我在另外一个场合讨论了我经常关心的另外一个问题，即中国有无可能发展出一个独立于权力之外的知识体系？今天，我想从知识与权力的关系的角度来探讨知识权力的来源。从哲学的角度看，追求权力可能是人的本性，不可避免。但如果明确了知识本身所具有的权力，那么知识的生产者或者知识分子就会产生另外一种态度，跳出要不依附权力，要不反对权力的两难困境，从而在为追求新知识创造前提的条件的同时赋权于自己。也就是说，除了依附权力和反权力，知识分子还有第三条道路可以走，那就是追求知识本身。通过追求知识，知识分子可以赋权自己，就是说把自己变得更具有力量，去影响其他社会群体，包括掌握权力的群体，即一般所说的统治者或者统治阶级。当然，这并不是说，每一位具有创造知识的人都要使用权力。知识是一种能力，但并不是每一个知识创造者都会自己使用这种能力。这种能力可以使用，也可以不使用；有条件使用，也可以是没有条件使用；可以自己使用，也可以被他人所使用。

简单地说，知识分子和权力之间至少可以有三种关系：1）知识分子通过依附权力者而得到权力；2）知识分子可以通过反对权力来追求权力；3）知识分子可通过创造知识来得到权力。

但是，如果再深入一步，我们就可以看到，知识与权力之间的关系并不是那么简单。我们可以把“知识就是权力”（knowledge is power）理解成一个等式。这个等式如何解读？很显然，知识既可以是自变量，也可以是因变量，就是说既可以用知识来解释权力，也可以用权力来解释知识。因此，第一种解释就是“知识等于权力”，就是说知识产生权力。如果你拥有了知识，你也就拥有了权力。或者说，拥有知识的一方能够影响没有拥有知识的一方。上面所说的知识分子和权力之间的三种关系都是说知识分子因为有了知识而拥有权力，就是用知识来解释权力。但是，在现实生活中，刚好相反的等式也存在着，即权力等于知识，权力产生知识。也就是说拥有权力的一方也拥有了知识，能够影响没有拥有权力因此也没有知识的一方。例如人们总是在说，“历史是人写的”“历史是胜利者的历史”等等。那些拥有权力的人有能力来影响那些没有权力的人，前者要求后者接受他们的观点，也就是“知识”。如果存在着“权力即知识”这个等式，那么人们就可以提出第三个问题，即我们可以反过来质疑“知识就是权力”中的“知识”

是否是真的知识。如果是这样，那么我们可以认为知识有可能不是真的知识，而是伪装起来的权力。

知识可以产生权力，而权力又可以伪装成知识的形式出现，这使得知识和权力之间的关系更为复杂，形成了类似于“鸡与蛋”之间的关系，就是谁先谁后的问题。要回答这个问题并不是没有可能，但需要人们的理性辨别能力。我们可以做的事情就是要不断挑战现存的知识或者知识体系，用各种不同的方式来检验它们，去伪存真，从而形成新的知识或者知识体系。在这个过程中，知识分子既完成了作为知识生产者的责任，也为自己创造了力量或者权力的基础。实际上，这就是“知识就是权力”的原初意义。

西方知识分子的权力来自解释现实的能力

这种观点我们可以上溯到英国哲学家弗兰西斯·培根。在学术界，一般认为是培根首先提出了“知识就是权力（力量）”这个命题的。这里首先需要解释一下。尽管历史上很多关于培根的著作和论文都认为培根提到了“知识就是力量”这个命题，但培根究竟是在哪部著作中提出这个命题的，却不得而知。一些人甚至怀疑培根到底有没有提出过这个命题。现在有不同的解释。一种解释是在培根的主要著作包括《学术的进展》《新工具》《新大西岛》等确实没有这个命题，但在他的《沉思录》（*Meditations Sacrae*）的片段中却留下了这句话。因为这个《沉思录》没有公开发表，所以人们不知道是在哪里培根说了这样的话。还有一种解释就是来自霍布斯（Thomas Hobbes）的著作。霍布斯在其著作中说过“知识就是权力”的话。霍布斯曾经是培根的秘书，并且培根是其哲学导师。这里可以做这样的解读，霍布斯受培根的影响提出了这一命题，或者霍布斯直接记述了培根的命题。

在这里，我们对谁正式提出了这一命题并不是很感兴趣，因为这不是问题的关键。我们感兴趣的是两点。第一点就是培根回答了知识是如何产生的问题。在其众多的著述中，培根讨论了很多我们今天仍然想回答的问题，包括什么是知识？知识的本质是什么？如何获得知识？什么样的知识才是真的？知识的局限性如何？等等。第二点就是我们从培根身上可以观察到知识为什么可以产生权力。我们在下面的讨论中会看到，培根有关“知识就是权力”的论述既是对一个时代的总结，也是说明了知识如何可能产生权力。

培根（1561—1626 年）是英国 16、17 世纪之际的哲学家。他生活的那个时代是怎么样的呢？简单地说，这是一个新的知识体系得到确立的时期。当时，欧洲通过文艺复兴运动，摆脱了中世纪宗教神权主导的“愚昧知识”时代的阴影，确立了理性主义的知识体系。在社会层面，人们开始享受这场理性主义运动所带来的社会生产力和科学技术的进步。培根出身于一个在宗教改革运动中发展起来的新贵族家庭，他对新的知识体系是如何产生又如何产生影响力具有深刻的了解。他提出“知识就是权力”的命题并不难理解。

在中世纪的欧洲，宗教神学掌控了人类的精神领域，垄断了知识领域，宗教教义成为解释和衡量一切的标准。文艺复兴最重要的目标就是要把人类从宗教神学解放出来，把人类的目光从“形而上”的宗教神学转向“形而下”的人类理性。文艺复兴的物质动力在于当时的社会经济面的实际变化，主要是商业活动带来了人类的理性精神。很显然，现实商业生活中所发生的并不是宗教神学所能解释的。商业实践的发展促使人们对宗教神学的怀疑，触发了人们对世俗理性知识的追求。理性主义是一个和传统宗教神学全然不同的新的知识体系，或者知识范式。

在欧洲，现代科学（理性主义）知识体系起源于对宗教神学的质疑。欧洲的大学最早就起源于教会，源于人们对宗教经典的不同解读。路德改革在这个过程中是个转折点。当每一个个人可以用自己的方法直接和“上帝”对话的时候，处于“上帝”和社会群体之间的媒介（即教会）变得不再重要，而加于社会个体之上的宗教知识便失去了其“强制力”。当人们开始怀疑宗教神学，开始用人类理性来解释现实社会经济的变化的时候，旧的基于宗教神学基础之上的知识体系就开始解体，而新的基于人类理性至上的知识体系就开始了。社会经济的变化促成了知识体系的变化，而基于世俗理性之上的知识进而为社会实践提供了知识上的支持。

在这个背景之内，培根所探讨的就是这个新的知识体系的起源问题。培根被视为是经验主义哲学的奠基人。对培根来说，知识不是来自“形而上”的神或者上帝，而是来自于人类的经验。神作为一种信仰的存在不应当妨碍人们对现实世界作非神学的解释。在此基础上，培根提出了经验论的一系列原则，制定了系统的归纳逻辑，并强调实验对认识的作用。马克思、恩格斯因此称培根是“英国唯物主义的第一个创始人”，是“整个实验科学的真正始祖”。

培根认为，世界是不以人的主观意志为转移的客观存在，人的知识（认识）只有通过感性经验从客观外界获得。他说：“人是自然界的仆役和解释者，因此他所能做的和所能了解的，就是他在事实上和思想上，对于自然过程所见到的那么多。”为什么人的认识必须从经验开始呢？在培根看来，客观外界的事物只有通过人的感官，才能被人们所感知。

理性在人类获得知识过程中扮演关键作用。培根说，蜜蜂采蜜，原料来自花圃、田间的花丛，蜜蜂采集到花粉后，必须经过自己的加工制作，才能酿出香甜可口的蜂蜜。人的认识也一样，原料只能通过感官从外界获得，但这还不等于已经获得真正的知识，人还必须通过自己的大脑，把这些从外界获得的材料，“加以改变和消化而保存在理智中”，这样才能形成真正的知识。

更为重要的是，培根在论及经验和理性在形成人的认识或者知识的重要性时也意识到了它们的局限性。培根并没有把感性经验和理性绝对化。他强调感官是人认识外界的一个必经的通道，而并没有说通过感官获得的知识都是正确的，更没有说这种认识就是认识的全部。相反，他认为感官本身有局限性，比如感官对于那些并不是很显露的，或过于微小，或空间距离过远的物体，未必能认识得很清楚，所以他说：“断定感官为衡量万物的尺度，是很大的错误。”正因为人类的经验和理性方面的局限性，知识便是开放的，就是说现存知识必须得到不断变化的现实的检验。现实变化了，知识也必须随之变化。

这里我们当然并不是要对培根的经验论作一系

统的论述，但上面简单的论述至少说明了培根所理解的知识体系所具有的三个特点。第一，新的知识和知识体系来自人类的经验和实践。第二，基于人类经验和理性基础之上的知识体系有能力解释我们生存的现实世界。第三，人类的经验和理性具有局限性，因此任何知识体系是开放的，向社会实践开放，向未来开放。后一点非常重要。用今天的话来说，就是，知识从来不会有“历史的终结”。

培根对人类认识或者知识体系的论述尽管并不像后来的西方哲学家那样具有系统性，但他已经涉及了西方知识体系的一些最主要特征。近代以来，西方哲学家都深受培根的影响。马克思为哲学家规定的两件任务也深受培根的影响。马克思认为，哲学家的任务是解释世界和改造世界，而解释世界是改造世界的前提。对世界解释得越清楚，越能改造这个世界。回到“知识就是权力”的命题，我们可以对马克思的论述作这样的解读，即哲学家改造世界的权力（或者能力）来自于其解释世界的能力或者解释世界的知识。

解释世界成为西方知识体系的核心。我们这里也不能对西方的知识体系作一系统的描述。根据我自己的理解，西方知识体系由这样几个各自独立但又相互关联的部分组成。其一是“形而上”的哲学，包括宗教和人生哲学等。理性主义产生之后，宗教神学并没有消失，而是得到转型。首先，宗教神学不再具有垄断统治地位，不再凌驾于其他知识之上，而是作为其中一种知识形式而存在。作为“形而上”的知识，有其存在的理由，主要是为不同社会人群提供世俗社会无法提供的精神生活。理性主义的一个特点就是认识到理性本身的局限性。理性主义既无意解释一切，也无意提供人类社会生活的所有需要。相反，理性主义意识到精神生活超越人类理性，并且是人类生活的内在一部分。就是说，理性主义也论证了宗教神学存在的合理性。在理性主义者那里，科学知识和宗教信仰并不是矛盾的。一个人可以同时信仰科学和宗教。其次，宗教神学本身具有了开放性。在中世纪，宗教神学是最教条的。它不容许人们对神学作不同的解释。人们可能因为对神学教条作不同的解释而受到严厉的惩罚。但随着理性主义的发展，宗教神学逐渐具有开放性，也就是说随着社会现实的变化而对宗教神学本身作出不同的解释。这种开放性当然在不同的宗教具有不同的情形。基督教最为开放，这导致了基督教区域的世俗化浪潮。而伊斯兰教则不然，尽管在一些地区例如东南亚，伊斯兰教也显现出温和的一面，但世俗化并没有发生。

当“形而上”的宗教神学成为其中一种知识的时候，“形而下”哲学得到了长足发展的空间，包括社会、政治、经济等等社会哲学。各种社会科学面对的是现实，解释的是现实。“形而下”哲学创造出了一个庞大的解释世界的知识体系。近代以来，“形而下”的哲学和社会科学所带来的知识体系不是传统的宗教神学可以比拟的。

无论是基于“形而上”还是“形而下”的知识，西方的知识体系的发展的背后还有两个不可或缺的传统，即工具哲学和批判哲学传统。知识体系是开放的，因此就有了批判的空间。批判就是挑战现存的知识体系，把新的因素引入这个体系，培育出导向新的知识体系的种子。但是，如何作理性的批判呢？工具哲学就成为关键。工具，认识事物或者知识创造的工具是西方哲学的内在部分。我们可以在托马斯·库恩的《科学革命的结构》一书中看到一个科学知识范式是如何被另一个新的科学知识范式所取代的。在这个过程中，人们利用新产生的工具不仅对现存知识体系进行批判，而且更重要的是要在此基础上创造新的知识。库恩尽管讨论的是科学知识，但社会科学知识体系也是这样一个过程。“形而上”“形而下”“批判哲学”和工具哲学，这是知识体系的不同领域，它们之间互相关联，又互相矛盾。知识体系之间的这种内在紧张关系推动着知识体系的产生、发展和转型，这是西方知识体系发展的一般过程。

知识来自于解释世界，解释世界可以改造世界。这就是“知识就是权力（力量）”的原本意义。在这里，知识就是一种工具。作为一种工具，知识一旦产生，任何一个社会角色都可以使用这种工具。这就如同宗教神学一样。宗教神学最初的产生符合当时社会现实，也是对社会的一种解释，并且为当时的人们所接受。但是，一旦当宗教神学被掌握这个知识体系的社会群体所掌握，它就转化成为权力，施加于其他社会群体之上。这里就出现权力垄断知识的情况。

同样，产生于理性主义的知识体系也可以被当作工具所使用，并且成为一种权力施加于其他社会群体之上。在世俗领域，例如政治、经济和社会领域，一种知识体系很容易演变成为一种意识形态，被某一个社会群体（往往是掌握政治权力的人）所使用，施加于另一些社会群体（往往是被统治者）之上。这就是马克思所讨论的意识形态的作用。如果说宗教神学是教权（宗教力量）施于社会的意识形态，那么意识形态也可以说是世俗政权施于社会的宗教神学。意大利新马克思主义理论家葛兰西论讨论意识形态话语权的作用，一旦当一种话语施加于社会并且被社会接受的时候，这种话语就会产生无穷的力量。当代法国社会学家福柯更进一步向人们展示一个社会群体如何使用话语权来统治其他社会群体。在福柯那里，每一种话语背后实际上就是权力。话语就是权力，权力就是话语。

“话语就是权力”，指出这一现象非常重要。尽管这是不可避免的社会现实，但这种现实的存在至少提醒人们要对知识和权力之间的关系有清醒的认识。在一些领域，权力往往以知识的形式展露出来。这种情况的存在，对知识分子来说，至少有三点意义。第一，这要求人们不要害怕权力，权力不见得就是真理（即接近实事的知识），掌握权力不见得是掌握了真理。第二，权力是可以被挑战的。在二十世纪六七十年代，欧洲存在主义提倡把现存权力结构“虚无化”。这并不是说人们可以漠视权力结构的存在，而是说要改变权力结构，要敢于挑战权力结构。第三，权力结构是可以被改变的。改变权力结构的其中一种有效方法就是改变论证这个权力结构合法合理性的知识体系。知识可以被权力用来把自己合法化，那么改变知识也就可以改变权力的合法性基础，从而把变化的因子引入权力结构。很显然，在改变权力结构过程中，知识的生产者（或者知识分子）必须扮演一个关键角色。如果普通社会成员倾向于接受统治阶级的话语，那么知识分子必须对此保持理性精神，对现存权力结构保持批判的态度。不过，我们不能把知识分子的批判精神仅仅理解成为一种破坏力量。任何权力结构，无论是政治权力，或者知识权力，一旦形成，就会倾向于发展成为一种既得利益，开始具有保守性和封闭性。一旦这样，这个结构就会开始自我萎缩。批判变得重要起来，因为批判促使这个结构不断进行自我调整，处于一种开放状态，向未来开放。

自近代以来，伴随着西方社会自贵族专制到资产阶级民主到大众民主等社会结构的转型就是知识体系的转型。就是说，不同的社会形态产生不同的知识体系。这两个转型是互相关联的，在很多场合是互为因果的。权力和知识之间既互相配合，又互相矛盾，从而构成一种动态的平衡。不过，也有一些历史的节点，在这些节点上，两者失去均衡，于是就会产生激进的变革和革命，促成从一个结构转型成为另一个结构。

现在我们可以回到开头提出的问题，知识分子的权力从何而来？我们可以来总结一下西方背景下的知识和权力之间的关系了。主要有三种。第一，知识分子权力最主要也是最重要的来源就是解释现实的能力，也就是创造新的知识体系的能力。这个群体可以被称为知识创造者或者生产者。第二，知识分子的权力也可来自对知识的使用。知识使用的对象可以有不同，可以为了自我，或者其他社会成员，例如掌握政治权力者和经济权力者。知识使用的目标也可以有不同，例如可以为了维持或者改革现存的体系，也可以是为了追求利益。第三，知识分子也可以通过反体制（无论是现存权力体制还是知识体系）而获得权力，这是批判传统领域的知识分子。这里面又经常可以看到两个不同的次群体。第一个群体可以说是“规范派”，用今天的话来说，就是“公共知识分子”。他们往往是职业的批判者，从“应当怎么样”的角度也即自己心目中的理想世界来批判现实世界。他们很少质疑自己心目中的理想世界是否合理、是否在现实生活中具有可行性、是否能为社会增加利益等问题。这部分人往往从社会公众寻找权力，即通过劝说公众相信并接受他们的理念。为了达到这个目的，这群人往往采用的方式就是首先抢占道德制高点，把自己点缀成为道德的化身；同时也竭力从道德角度来批判现实或者他们的反对者。另外一个群体可以被称为“实证派”。这个次群体与上面所说的第一类知识分子即知识创造者重合。他们不是对道德不感兴趣，而是在追求知识的过程中努力做到“去道德化，”因为他们关心的是事物本身到底是怎样的、未来的发展逻辑怎样、如何为社会增加利益等等问题。

中国传统知识体系，知识分子与权力

那么，中国的知识分子能够从西方知识分子的追求，以及他们所发展起来的知识体系，学到一些什么经验？讨论这个问题，就是要检讨中国文化背景下的知识和权力之间的关系。这里先来讨论传统上中国的知识分子和权力之间的关系。

应当指出，中国历史上从来没有发展出类似西方的宗教文化。中国早就发展出一种世俗文化。孔子提倡“敬鬼神而远之”，就是说，中国文化并不是否定超然或者“形而上”世界的存在，但并不对这个“形而上”世界进行讨论和研究。佛教相信“来世”，相信超然世界，但在进入中国、经过儒家修正之后，也不像西方神学那样去探讨那个外在世界。总之，中国历史上从来没有形成过一种类似西方的“形而上”的哲学体系。没有形成“形而上”哲学，并不是中国文化的缺陷。中国并没有像西方那样的长期和大规模的宗教迫害运动，和文化的世俗性有关。不过，另一方面，缺少“形而上”体系这个现实，对中国的知识体系的形成产生了很大的影响。简单地说，中国知识分子至少缺失独立的学术精神。在“形而上”领域，人们面对一个抽象的东西（例如上帝），可以与之对话，在超然世界面前，人人平等，因为每一个人都可以和这个超然世界对话，每一个人的意见都具有其合理性。

从知识和权力的关系来看，在传统中国社会，知识分子群体可以分为体制外和体制内，即和王权有关的体制内知识分子，和在王权之外的体制外知识分子。体制内知识分子主要是儒家和佛家，体制外知识分子主要是道家和“江湖派”。

道家没有能够创造中国的知识体系。道家强调独立，具备追求独立的知识体系的思想条件，但为什么没有创造出知识体系？主要是两个因素，一是道家退出政治社会，不关心人类社会；二是在研究方法上，道家主客体不分。同样，道家因为强调个人的修养，也不追求社会权力，与社会权力无关。总体上说，道家可以说是一种人生哲学。当然，作为一个关于个人修炼的哲学，也具有相当的影响力，为很多人所信仰。这也是一种权力，但这里的权力概念，和我们所讨论的已经有了区别，因此，我们这里不讨论道家。

在中国的传统中，儒家和权力的关系最为密切。总体上说，儒家学说有两个主要特点。一是为王权服务的，并且依附于王权的；二是儒家是提倡“应当怎么样”的“规范派”。这两个方面互为关联，也就是说，儒家主要是用道德来感化掌握政治权力的人。儒家也因此被称为是道德哲学。

不过，为王权服务和依附王权，实际上是可以加以区分的两种态度。在春秋战国时代，也就是以孔子为代表的儒家学派形成时期，儒家就是为王权服务的。“学而优则仕”就是儒家的普遍心态。孔子周游列国，就是劝说各国君主接受其政治理念。但是，那个时候儒家是独立的，并没有依附于王权。人们不难看出，儒家当时具有非常进取的精神。

但是，一旦儒家变成为官方意识形态之后，儒家和王权的关系发生了很大的变化，不仅为王权服务，而且依附王权，不再具有独立精神。在为王权服务这个总体构架下，儒家对不同社会群体的关系是不一样的。

第一，对王权，儒家完全依附。儒家成为掌握话语权的人，也就是今天掌握意识形态的群体。在这个群体中，愚忠是普遍现象。儒家为了取悦王权而不惜说假话。当然，儒家也有真正忠诚的分子，他们能够严格坚持儒家“应当怎么样”的“规范派”信念，甚至不惜生命向掌权者说他们所理解的真话。但即使是这一群体，他们对解释世界到底是怎样的并不感兴趣，他们所感兴趣的是世界应当是怎样的。正因为如此，这些“说真话”的儒家和统治者之间存在有一定的紧张。当现实世界不符合儒家的社会理念的时候，儒家就会勇敢地向王权说真话，导致王权的不快。有时候，这当然有不好的结局，因为说真话而杀头的案例也是有的。

第二，对自己这个群体，儒家的自私性往往表露无遗。儒家首要的任务就是参与统治，让自己成为统治过程的一部分。历史上，儒家是最为积极参与政治的群体。但同时，儒家是排斥其他社会群体参与政治的。在儒家那里，社会阶层是具有等级的，而这个等级是通过政治划分的。儒家的等级就是“士、农、工、商”。通过这种等级划分，儒家成功地把其他社会群体排除在政治过程之外。更为重要的是，儒家也把自己排除在法律之外。儒家认为，君子具有善的品德，不需要任何法律的约束。法律只是针对其他社会群体。不过，历史上，儒家追求政治参与，而排斥其他群体参与政治的做法，是有很大的代价的。面对王权，儒家实际上也往往非常微弱。儒家的道德力量何以能够对王权构成任何制约呢？在任何国家，能够制约王权的是具有人口力量的社会，或者具有经济力量的商业阶层，或者两者的结合。儒家把其他社会阶层排除在政治过程之外，自己也往往成为牺牲品。在很多场合，为了权力，儒家的犬儒主义是很显然的。

第三，对社会来说，儒家也是极其自私。尽管儒家这个群体本身是开放的，也就是说，人人都可以成儒，通过接受教育而成为儒。“有教无类”是儒家学说的一个优势。但这并不是说儒家的知识是向社会开放的。儒家是一个垄断知识的群体，并没有想到要把自己的知识传播给社会大众。相反，这个群体对社会实行的是愚民政策，垄断知识仅仅是为了自我利益，即向王权服务。显然，在“有教无类”的思想传播到西方后，西方就发展出了大众教育的教育哲学，在此基础上又发展出了大众教育结构。而中国尽管很早就有“有教无类”的思想，但并没有发展出大众教育。

一些学者把儒家称之为中国的自由主义。的确在很多方面，儒家有些类似西方自由主义，例如提倡政府对市场和社会的不干预。但是，儒家不像西方自由主义那样具有进步性。西方自由主义有两个核心，第一就是相信进步，相信事物是不断变化的，第二相信人类可以通过不断改革现存体制，求得进步。儒家则不同，相信第一个层面，但对第二个层面的变迁不甚感兴趣。自《易经》以来，中国多数思想流派认为“变”是一个自然的产物，因为对《易经》来说，所有事物都在变化之中，唯一不变的是“变”本身。在这个意义上，儒家不否定“变”，也接受“变”，包括改变自己。从这个意义上说，儒家是一个开放的体系，可以包容一切、接受一切。但是，儒家并不主张人为地去促动变革。儒家是一种非常发达的保守哲学，利用现存因素来塑造一个稳定的社会秩序。也可以说，儒家是一种社会秩序哲学。也正是在这个意义上，儒家始终是官方意识形态，为王权所有。很显然，对王权来说，秩序是一切。

在这样的情况下，儒家的创新能力就成为问题。儒家往往成为改革的保守力量，其关切的是如何维持现存秩序，而不是改变现存秩序。但这并不是说，儒家永远满足于现存秩序。相反，儒家也经常批评现存秩序。儒家什么时候会批评现存秩序呢？那就是当其认为现存秩序不符合儒家所认同的“规范”秩序的时候。就是说，儒家是用其理想来批评现存秩序。打一个比喻，我们学者和社会现实的关系就好像医生和病人之间的关系。人得了病，找医生看病。医生的道德底线是要把病人医好。医生根据自己所有的知识和所积累的经验给病人看病。如果病看不好，那么只能说医生所学的知识和经验错了或者不够，而不能说病人生错病了，因为这里病是客观的存在。但在中国的儒家那里，情况刚好相反。当中国社会经济发生变化而和儒家的理念不相吻合的时候，儒家会说，社会现实错了。应当修改的是社会现实，而非儒家掌握的知识。儒家因此往往结合王权来阻止社会经济现实的变化。可以说，在儒家主导下，中国历史往往是在“削足适履”的状态下演进的。

佛家从印度传入。刚开始的时候，儒家也极力反对佛教的。但后来，儒家看到皇帝也接受了佛教，因此努力改造佛教使之成为和儒家不相矛盾的一个文化组成部分。“化”佛教是儒家的功劳，佛教大大丰富了中国文化，但也因此佛教和权力、利益的关系变得非常密切。从和权力的关系来看，佛教和儒家并没有本质上的不同。

如果说儒家和佛家是体制内知识分子，那么体制外关心权力的群体只剩下“江湖派”了。“江湖派”当然是对体制外知识分子的一个统称，“江湖派”里面也有不关心权力的知识分子。道家在一定程度上也可以称为“江湖派”的一部分，但是“江湖派”里面很多人是关心权力的。他们沦落“江湖”是有不同原因的。大部分人是因为不能挤入体制内，就是说想进入体制但失败了，于是对现存体制产生了不满。但有些则本来就对现存体制不满。这个群体对权力感兴趣，他们追求权力的方法就是通过“反权力”，就是想方设法挑战现存体制，通过推翻现存体制而获得权力。历史上，很多农民起义过程中的知识分子就是这种情形。

这个群体和我们所讨论过的西方知识分子不同。西方知识分子是通过创造新的知识体系，或者通过另外一个“规范”学说来挑战现存权力。中国的“江湖派”并不这样。他们往往和体制内的知识分子的思路没有任何差别。他们强调的是现存掌权者已经不再能够恪守早先的承诺，或者说已经不能履行“天命”了，因此应当挑战掌权者，推翻他们的统治。“天命”应当转移到“反权力者”那里，这是体制外知识分子所拥有的理念，也是他们动员社会力量的手段。但是，一旦当反权力者真的得到了权力，那么他们所有的一切，都和原先的掌权者毫无区别。

中国历代皇朝简单更替、再复制背后有很多因素，但没有任何知识创新是其中一个重要因素。用马克思的物质主义观点来看，这主要是取决于中国农业社会这一事实。但问题在于，为什么中国永远没有逃离农业社会的陷阱呢？在一些历史阶段，中国成为相当发达的商业社会。中国曾经有过为什么没有产生资本主义的争论，但没有结果。不管怎样，在西方，无论是经济形态还是政治形态的演进，新的知识体系扮演了重要的作用。中国没有发展出资本主义，和其没有产生能够促进资本主义经济形态的知识体系是有关联的。诚如韦伯所言，中国很多因素包括儒家学说和“士、农、工、商”的社会结构，都阻止了中国经济形态的革命性变化。这里我们不是要讨论资本主义的问题，指出这一点是为了说明中国的知识体系，在历史进程中哪些方面起了作用，哪些方面没有发生作用。有一点是非常清楚的，如果中国没有一个独立的、以创造新知识为使命的知识分子群体，那么中国的发展和进步，很难超越那些具有这样一群知识分子群体的国家。

当代中国知识分子与权力

讨论了传统社会的知识和权力之间的关系。这里转而讨论当代中国的知识和权力之间的关系。令人们非常惊讶的是中国传统的根深蒂固和强大。即使从孙中山先生发动的辛亥革命算起，到现在也已经有了一个多世纪的时间了，但知识分子和权力之间的关系，竟然没有任何实质性的变化。为什么这么说？

我们仍然可以用分类传统知识分子的方法，对当代的知识分子作分类。可以发现，知识分子和权力之间的关系的本质没有变，但名称和内容则有变化。

和传统知识分子一样，当代知识分子仍然可以分为体制内和体制外两大类。根据前面的顺序，我们先来看体制外的那些对权力不感兴趣的知识分子群体。传统上，这个群体是道家。当代中国也存在着“道家”，他们对知识感兴趣，自愿边缘化。和传统“道家”不一样，除了在宗教意义上的当代道家外，这个群体的很多人不得不关注社会现实。不过，这个群体不大。下面会强调，商业化已经完全改变了知识分子的生态环境，传统道家所拥有的生存环境，现在已经不复存在。

体制内依附型知识分子还是中国知识分子群体的主体。这个群体传统上是儒家，但现在则比较复杂。这里有几个变化。第一个大的变化就是传统儒家里面的“规范”“忠诚”派已经接近消失。传统儒家有强烈的“忠君爱国”思想。尽管人们可以批评说“忠君”和“爱国”应当是两件不同的事情，“君”并不是“国”呀！但这个思想太过于现代，因为无论中外，历史上的很长时间里，人们把两者是等同的，即“君”就是“国”，至少“君”代表“国”。实际上，在一些忠诚的儒家那里，这两者也是有区分的。有时，儒家对“国家”的忠诚连“君”也接受不了。说真话是有很多代价的，一些儒家为了“国家”而批评“君”导致生命的丧失。这里，不管是为了“君”还是“国”，很多儒家的忠诚是绝对的，长达数千年，儒家的这种忠诚精神从未消失。这也就是传统中国知识分子所说的“良知”。知识分子和权力之间的这种紧张关系非常重要。传统中国的王权所受的制约不多，由知识分子的这种“良知”所产生的道德对帝王的影响算是相当重要的。正因为如此，这些忠诚者（“忠丞”）一直为后人所尊敬和仰望。

但是，这种知识的“良知”在很快消失。今天，中国的知识分子面临外在世界的无穷的压力和诱惑。传统上，知识分子所面临的压力和诱惑只来自权力。物质和经济利益对传统知识分子的影响即使有，也不具实质性。在“士、农、工、商”的社会等级里，知识分子把自己放在了第一位。所以，人们称知识分子为“清高”，也就是说，他们和经济利益不是一体的。“不为五斗米折腰”是知识分子的信念。现在呢？

现在的知识分子面临权力和物质利益双重的压力和诱惑。中国知识分子在数千年农业社会里一直坚持的"良知"精神，在现在商业革命的冲击下很快就解体了。失去了这个"忠诚"的群体，中国体制内知识分子里面只剩下"依附型"知识分子了，要不依附权力，要不依附利益。

体制内依附型知识分子现在也很复杂。传统上只有儒家这个群体，但现在有很多群体。依附类型的多元化至少有两个条件。首先是当今社会利益的多元化，利益多元化了，掌权者需要相应多元的支持和依附者。其次，这也说明了权力这方面正统意识形态的衰落这个事实。儒学是传统王权的意识形态，数千年不变。但是今天的政权已经没有像儒学那么强大的意识形态了。在此情况下，掌权者就会到处寻找多元知识的支持，什么有用就借用什么。所以，即使是"依附型"知识群体中，不同的次群体之间是互相矛盾，甚至互相冲突的。

各个次群体拿什么来依附和支持权力的呢？简单地说，有二。一是从西方输入的知识，二是从中国传统承继的知识。输入的知识包括马克思主义和各种版本的新马克思主义、列宁主义、民族主义等等。承继的传统知识主要还是儒家学说。在改革开放之后儒家学说有了很快的复兴，主要体现在“国学”运动中。无论是西方输入的还是传统承继的，都是为现存政权辩护的。当然，人们很容易发现这两者之间的深刻矛盾。不管怎样，这两者都希望自己能够影响权力，并且成为权力者的意识形态。辩护者对他们所持学说的信仰，并不亚于欧洲中世纪教会对宗教神学的信仰。

体制外的权力反对者又如何呢？应当再次强调的是，反对权力者也是为了权力。问题是这个群体拿什么来反对权力呢？实际上，和“依附型”群体一样，这里面也有两个次群体，一是以输入的西方知识来反对权力，二是拿中国传统，主要是儒家传统来反对现存权力。

其中，第一个次群体是主流。清末以来，中国传统类型国家一而再、再而三地被西方类型国家所击败。中国的政治精英和知识精英对中国传统完全失去了信心，他们开始从西方寻找“真理”。“新文化运动”期间，中国所谓“百家争鸣”。但所有这些百家都是从外国输入，没有一种属于中国自己的。当然，当时也有知识分子坚持中国传统，但并没有占主导地位。各种外国的主义在中国互相竞争，非常激烈。早期，自由主义占据主导地位，因为很显然西方强大国家都是民主国家。“五四运动”把西方的成功概括成为“德先生”（民主）和“赛先生”（科学）并不难理解。但是，辛亥革命失败之后，自由主义在竞争中退出，胜出的是马克思主义、列宁主义、民族主义和社会主义。当然，这里还有一个外在的条件和一个内部条件。外部条件就是第一次世界大战和苏俄革命的成功。在当时中国的政治人物和知识分子看来，第一次世界大战的爆发表明西方自由主义的失败，西方资本主义的失败。而苏俄革命的成功，则是马克思列宁主义和社会主义的成功。因此，知识分子很快就转向后者。内部条件就是在像中国那样的落后国家，要实现西方自由主义制度并没有什么现实可能性。很显然，西方制度是西方社会经济数百年发展的产物，很难移植到其他文化。

自由主义并没有演变成为中国的政治制度，但西方的价值则生存下来。除了蒋介石时代也就是20世纪30年代，掌权者试图恢复中国传统（也就是新生活运动）之外，在中国的土地上，历来是各种外国观念的竞争。马克思列宁主义成为掌权者的意识形态之后，西方自由主义就成为其竞争者和反对者。不过，接受了西方自由主义观的人，和传统儒家的思维有惊人的一致性。上文已经提到，依附型知识分子把马克思列宁主义上升为政治意识形态，来论证政权的合法性。同样，反对者也试图把西方自由主义上升为一种“反意识形态”的意识形态，来论证政权的不合理性。在批判者当中，也有人试图把西方和中国传统两者混合在一起，例如儒家和西方自由主义。

很显然，和“依附型”知识分子一样，反对权力的知识分子也具有如下特点。第一就是上文所强调过的，两者都是为了权力，非常类似于执政党和反对党一样。反对权力的目标就是为了有朝一日自己拥有权力。第二，反对者也同样不是解释事物的知识体系。他们对解释世界并不感兴趣，他们的兴趣在改造世界。从这个意义上说，他们不是知识产生者和拥有者，而是知识的使用者和应用者。第三，公平地说，和“依附型”知识分子一样，反对者也是理想主义者，他们的目标也是建设一个他们想象中的国家。不过，他们的知识想象并不是基于他们对客观现实的认知和理解，而是借用业已存在的知识想象。不同的主义就是他们从各种借用来的知识体系中所作的想象。第四，也和“依附型”知识分子一样，反对者同样是各种说教。他们用各种西方的价值或者道德来评判人、制度、文化。他们没有能力来解释世界，但有巨大的动机来批判现实。

在西方，尽管也有为权力辩护或者反权力的知识分子，但其主体是那些解释事物和世界的知识分子。中国没有这个以解释事物和世界为使命的知识群体，因此知识分子如果要得到权力，就会倾向于求助于权力。依附权力和反权力者因此具有同样的思维和行为逻辑。

简单的结论

我们已经从“知识就是权力”的概念出发，讨论了西方的传统、中国的传统和中国的现实。从这个简要的讨论中能够获得什么样的信息呢？也就是对当代中国知识分子来说，会有什么样的启示呢？如下几点是很显然的。

第一，现实地说，不管人们喜欢与否，中国的传统还会继续。这不仅是因为传统根深蒂固，已经演变成为一种深层次的文化，而且也是因为“依附型”知识体系背后是其庞大的利益，这块利益不会放弃。而“依附型”知识体的存在，也表明反对者的存在。他们之间是有机的对立，缺一不可。

第二，知识分子要对文明的进步负有责任。对中国文明最大的考验是商业革命。中国文明数千年是农业文明，没有经历过商业文明的洗礼。现在在商业文明面前，中国文明如何发展，这是人们需要考虑的一个大问题。作为文明内在部分的知识分子，也面临商业文明的考验。

第三，知识本来就是力量和权力。谁生产出新的知识，谁就会拥有改造世界的能力。整个人类发展的历史表明，谁说思想不能产生物质呢？中国的邓小平在20世纪70年代末就说过："科学技术是生产力"，这是思想产生物质的另一种说法。在任何社会，知识分子都是想改造社会的。但如何改造社会呢？首要的任务是生产能够解释社会的知识体系。没有这样的知识体系，就不会有改造社会。

第四，中国的变革和社会进步，需要一大批思想独立但同时关心社会的知识分子。也就是前面所说的能够投身于解释中国社会的知识分子。他们的努力并不是为了权力或者其他利益，而是为了理解和解释事物（也包括任何社会现象）。尽管解释世界也可以产生力量或者权力，但这里力量和权力只是副产品。不管怎样，只有在把世界解释好之后，才能把世界改造得更好。

第五，对任何一位知识分子来说，应当认识到人类的思维能力是没有边界的，就是说，谁都具有潜力来构造知识体系。不过，一旦人的思维受制于权力和利益，思维就有了边界，知识就没有了想象力。中国社会的进步，取决于独立的知识体系的出现。超越权力和利益之外，这是中国未来知识体系建设的最低条件。

二、知识体系是最强软实力

中国在国际事务中还没有话语权

国际话语权就是要对西方国家和非西方国家、发达国家和发展中国家都能产生影响的软力量。话语权的一个显著特征就是对方自愿接受，而非被强加上。在经济力量迅速崛起以后，中国也想提出自己的国际话语权。尽管在"中国模式"方面，中国对发展中国家具有一定的话语权，但从总体上看，目前中国在国际社会的话语权尤其对发达国家而言还是非常微弱。中国现在已经是世界上第二大经济体，外在的经济影响力增大，但即使是在国际经济上的话语权也并没有显现出来，至少是与其经济力量不相符的，更不用说在世界政治上的话语权了。

经济上，中国作为一个经济大国却面临有责无权的局面。随着中国的崛起，西方和发展中国家都要求中国担负起更大的国际责任，中国也在一定程度上愿意负责。但是中国是通过“买单”和“开支票”等方式来承担国际责任的，这种方法很不利中国，从长远来看不可持续。尽管中国有努力争取提高自己在国际经济体系上的话语权，例如 G20 峰会和世界银行投票权改革，但是这些并没有改变欧美主导国际金融体系的基本格局。

文化上，这些年来，中国开始提倡和鼓励文化走出去（如建设孔子学院和媒体“走出去”等）。然而，孔子学院只局限于语言教育，而语言只是文化的一部分。况且不论这种政府主导的文化推广是否可持续，如果只是语言的推广，是不能转化成国际话语的。应当指出的是，即使是“孔子学院”的方式也已经开始出现很多问题。因为是侧重语言教育，有关方面强调的是学生人数，而非中国文化对西方精英（例如学者）的影响。为了增加学生人数，一些孔子学院已经走向中学，并引起了西方社会的反弹。

政治上，西方的学界和政界把中国的发展模式概括为“权威资本主义”（authoritarian capitalism），由于这种模式与西方国家所秉持的民主发展模式（democratic development）背道而驰，因此被认为是会对西方政治价值构成巨大的挑战，也会对现存国际秩序产生负面影响。西方各国的这种普遍担忧促使他们有意无意地对中国施加共同的政治压力。

军事上，对国际关系的零和游戏思维正加深着西方对中国的深刻疑虑和不安。对西方国家来说，中国在军事上一举一动都是威胁。西方社会理解中国军事现代化的需求。任何国家随着经济的现代化，军事现代化不可避免，但西方所不理解的是中国军事现代化的意向和战略。

外交上，只要中国接受西方话语权，西方就高兴。一旦中国与西方行为不一样，西方就生气。改革开放以来，中国在外交事务上只是西方（美国）的跟随者。尽管很多年来，有关方面一直努力阐述“和平崛起”或者“和平发展”话语，但“和平崛起”是针对中国本身的行为而言的，说明中国本身为什么和怎样融入世界体系。这个话语很难论证中国的“走出去”及其在“走出去”过程中为什么会和西方的利益发生冲突，尤其在价值观层面。中国已经进入世界体系，成为利益相关者，但在价值方面，中国和西方还是没有达成共识。而没有一定的共同价值，在处理无论是双边、多边或者国际问题时，就难以达成共识。

对于非西方的发展中国家来说，中国还是有一些话语权的。近年来，在很多发展中国家的精英开始反思西方的“民主发展模式”的时候，中国的发展经验开始对发展中国家产生很大的吸引力。中国实行改革开放政策近四十年，不仅造就了内部经济社会的持续发展，而且融入世界体系并起到越来越大的作用。在内部发展上，中国的发展模式是渐进的、有秩序的，政治秩序和社会经济的发展是一个良性的互动。在外交方面，中国积极参与和发起地区性的和国际性的多边组织。中国参与发起的组织侧重于解决问题及与社会经济的互动，不像西方国家组织的多边组织那样具有战略性。此外，中国和发展中国家的经济社会文化交往没有其他的战略和政治意图，并且奉行不干预主义。中国在与发展中国家尤其是非洲国家的贸易和经济交往中，既满足中国自己发展的需要，也促进当地经济社会的发展。这些都是西方国家没有做到的。当然，也应当看到，尽管这种国际行为方式为发展中国家所接受，但很多发达国家则视其为一种威胁，认为中国正破坏着西方国家在发展中国家建立起来的游戏规则，即有条件的经济交往。

无论是内部发展还是外交交往，中国的行为模式都对发展中国家产生着深刻的影响。但是这方面也有很多问题存在。中国自己对这个模式是什么没有说清楚，“我是谁”的问题还没有回答。发展中国家当然可以以自己的角度来理解中国，但只要中国本身不能回答“我是谁”的问题，有关“中国模式”的话语权还是很难建立起来。同时，西方则用自己的话语来描述中国在这些地方的行为，如“新殖民主义”、“和西方竞争外交空间”、“搞全球外交”和“权威资本主义”等等。尽管中国没有像西方所说的那样行为，但很多发展中国家陷入西方话语体系多年，那里的人们很多还是相信西方的话语。而中国本身也没有能够给这些国家的人和国际社会一个合理的说法。一些说法，不中不西，不伦不类，没有任何影响力。这对中国很不利。中国要确立能够解释自己的国际行为的话语，就首先必须脱离西方的话语体系。用西方的话语来解释自己只是对西方的一种“迁就”，而非和西方的平等对话。国际话语并不是自说自话、闭门造车能够产生的，而是必须通过和西方、发展中国家的平等对话才能产生。如果不能产生一整套能够解释自己的概念和理论，就很难争取到和西方的平等对话权。

目前中国提升国际话语权的有利因素主要是其经济实力的增长。最近，中国的 GDP 已经超过日本，成为仅次于美国的世界第二大经济体。中国的硬实力一直在上升，又是一个巨大的市场，无论是发达还是发展中国家都要和中国有经济往来。中国的增长模式对发展中国家尤其具有吸引力，它们想要知道中国的发展经验，即支撑硬实力增长的软实力是什么。经济力量的崛起，以及世界各国对中国软实力的了解的需求，为中国提升国际话语权创造了有利的条件。

中国提升国际话语权的不利因素主要在于其与西方（美国）不一样的市场经济、政治制度和意识形态。西方国家对中国“权威资本主义”发展模式的担忧，促使它们会经常联合起来对中国施加压力。同时，西方各国普遍认为中国在军事上崛起也会对现存的国际秩序造成很大的冲击。

鉴于上述因素，中国提升国际话语权的难点在于如何让中国能够被世界尤其是西方所接受，如何让国际社会相信中国的崛起是对这个世界有利的。从历史上看，任何一个国家，如果要崛起成为大国，就必须在经济增长的同时，造就一个为世界所接受的知识体系。英国的崛起不仅仅是经济的发展，更重要的是其自由主义贸易体系理论的确立。古典自由主义的确立是对世界的一个贡献。当然，这个理论体系既有利于英国，为英国在全球的贸易做了合理的论证，同时也有利于世界，推动了世界贸易经济的发展。一个利己利人的思想体系也使得英国在很长历史时期里掌控了世界的话语权，充当了世界经济体系的领导角色。

在英国之后，美国是世界的领导者。在自由主义理论方面，美国实际上没有多大的创新，而是大多继承欧洲的传统。美国的贡献在政策科学和实际政策的推行层面。“二战”后，美国利用欧洲的经济困难，推出“马歇尔计划”，在复兴欧洲的同时，成为世界经济的领导者。这种领导权也体现在美国对世界经济体系的重组。到今天为止的世界金融制度和贸易制度等都离不开美国的努力。也必须认识到，对世界秩序的重组的核心是为了增进美国的利益。此外，美国也凭借其强大的经济实力，大力推行西方价值观，民主、自由和人权是美国国际政治话语的核心。

现实地说，在所有这些传统话语领域，包括中国在内的发展中国家很难和西方（美国）竞争，更难超越它们。发展中国家所能做的只是“依附”西方。这种依附性战略除了能够赢得西方的一些“同情”外，并没有实质性的用处。中国要争取国际话语权和领导权并不容易。如果在经济自由和政治民主方面，中国很难作为，那么就要在其他方面有所突破。这样的突破也不是不可能的。

没有知识体系，就没有国际话语权

无论从内部世界还是外部世界来看，中国缺失自己的知识体系的现状令人担忧。从内部来看，因为没有自己的知识体系，对社会的发展趋势认识不清，更不知道如何解决越来越多的问题。很自然，官方意识形态已经和社会现实严重脱节，政府官员在普通人民眼中正在失去合法的统治基础。意识形态是内部统治的软力量，缺失了有效的意识形态，中国的统治成本在迅速提高。

就外部世界来说，随着中国的崛起，人们对中国抱有越来越巨大的不确定性。其中，对中国的误解起着关键的作用。这种误解在 2008 年北京奥运会之前达到高潮。从前，外界对中国的误解多半是因为中国的封闭。但现在改革开放已经数十年，中国已经相当开放。当然，中国体制运作很多方面仍然很不透明，这种不透明在继续阻碍着世界对中国的客观认识。透明度越高，越能帮助外国人理解中国，中国在这方面的确还有很多的空间需要改进。

但是，透明度提高并不能帮助中国本身产生自己的知识体系。现实的情况是，知识体系的缺失使得中国的国际“软空间”非常狭小，和中国所拥有的硬实力（如经济力量）毫不相称。中国的决策者也意识到了问题的严重性。这些年来，在很多方面下手，狠抓中国的“软力量”建设。孔子学院和媒体“走出去”是其中两个显著的例子。不难理解有关方面的这种努力，同时这个方向也是对的。中国不仅自己要了解外在世界，也需要外在世界了解自己，不过，情况不容乐观。

从总体上看，中西方之间的误解不仅没有在减少，反而是越来越深。无论是孔子学院还是媒体“走出去”，都具有工具性，即中国所说的“外宣”。不过，外宣方面的空洞无物是尽人皆知的，在很多时候反而起到了相反的效果。当然，这个责任也并不在外宣部门。在没有自己的知识体系的情况下，中国不可避免要面临一个“对外宣传什么”的问题，而知识体系的创造责任并不在外宣部门。如同内部统治，如果中国在国际社会的“软空间”继续收缩，其对外交往的成本会继续提高。

“软空间”缺失的因素有很多，但最主要的根源在于中国缺失一个可以说明和解释自己的知识体系。中国有古老的文明，有当代的最优实践，但没有知识体系来解释。对中国历史传统和现实经验的解释权，似乎永远在外国人手中。

没有知识体系的一个严重结果，就是中国没有自己的国际话语权。中国努力借用外在世界的尤其是西方的知识体系来认识自己，解释自己。借用他人的话语权来向他人推广自己，这是中国知识界所面临的一种困境。很多人已经意识到了这一点：经济学家意识到了西方的经济学解释不了中国的经济实践，社会学家意识到了西方社会学解释不了中国的社会实践，政治学者发现了西方政治学解释不了中国的政治实践。但是在实践上怎样呢？他们不是努力去发展中国自己的知识体系，而是继续使用西方的概念和理论。在中国这块土地上生存着无数的西方经济学家、西方社会学家、西方政治学家，但却没有自己的经济学家、社会学家和政治学家。结果呢？大家越说越糊涂，越解释越不清楚。当然，也有一些人想关起门来，搞知识层面的“自主创新”。其结果也只是自说自话，说一些除了自己之外谁也听不懂的东西。

思想和思维被殖民：中国为何还没有自己的知识体系

这是一种什么样的现状？简单地说，这是一种思维、思想“被殖民”的状态。从“五四运动”以来，中国就一直处于这样一种状态。进入近代以来，中国传统国家被西方所产生的新形式的国家所打败。遭受连续的失败之后，中国的精英开始向西方学习，即所谓的向“西方寻求真理”。西方就是真理，就是科学，这是一个根深蒂固的心理状态。学习西方，便是政治上的正确。在这一点上，中国的政治精英并没有大的分歧，他们的分歧在于向哪一个西方学习，或者向西方的哪一个方面学习。总体上说，自由派学欧美，左派学苏俄。很显然，无论是自由主义还是马克思主义，都是西方的产物。尽管在一定的历史时期，也有类似于“马克思主义中国化”的思想意识运动，但这里主体还是西方，而不是中国。视西方为真理，为科学，那么非西方的包括中国本身的就是“非真理”“非科学”了。长期以来，知识界那些追求“非西方”的知识的努力，被视为是政治上的“不正确”。

改革开放不仅没有改变这种趋向，反而变本加厉。无论左右派，都想把一些西方的教条道德化。左派主张公平正义，自由派主张自由民主。不管他们的思想有如何的对立，都是从西方进口，在中国的知识市场上竞争。这类似于在经济领域，中国本身没有什么技术创新，而是基于西方技术之上的各种产品在中国的市场上竞争一样。所不同的是，知识界往往能够站到更高的高度，把一些西方的概念提高到价值观层面，这样就可以毫无止境地“妖魔化”其他一些价值，无论是西方的还是中国的。中国的很多知识分子只知道也只会用他们所认同的价值观来评判中国的实践，而不是经验地研究中国实践。很多人像是被西方的知识体系洗了脑一般，非常满足于思维、思想被殖民的状态，掌握了几个西方概念就老是觉得掌握了真理。真理在手，就高人一等。用西方概念来训斥人，是很多中国知识分子的高尚职业。

马克思曾经强调过，哲学家有两件任务，解释世界和改造世界。解释世界是改造世界的前提。但在中国，知识分子都想充当公共知识分子，都想改造世界。他们没有能力来解释世界，却有高度的自信来改造世界。结果呢？越改造，这个世界就越糟糕。改革开放以来，中国很多的问题和很多的政策失误，决策者要负责，但提供知识体系的知识界也有一份很大的责任。

一个文明，如果没有自己的知识体系，就不可能变得强大。自近代以来，西方文明是随着自己的知识体系的出现而开始强大的。任何一个知识体系都是基于自身的实践之上。正因为如此，其有能力解释自身，有能力聚合各种力量。实践是开放的，知识体系也是开放的，这就决定了基于实践之上的知识体系具有无限的创造能力。在国际舞台上，则表现为强大的软力量。

人们所看到的近现代知识体系由西方产生和崛起。社会科学中的“西方中心论”成为必然。“西方中心论”说明了近现代知识体系起源于西方这个事实，其本身并没有错。当人们说“社会科学”时，这里的主体是社会，而科学只是认识这一主体的工具。同样产生于西方的科学方法，帮助西方人确立了自己的知识体系。然后，西方学者也开始用他们的知识体系来解释其他社会，这在很大程度上也是不可避免的。意识形态、文化、习惯等因素都会影响西方学者对其他社会的看法。

不能过分谴责西方学者对中国的偏见，主要的责任在于中国知识界本身。解释自己生活的世界是自己的责任，而不是他人的责任。不过，很显然，只要中国的知识界生存在思维和思想的“被殖民”状态下，就不可能产生这样一种知识体系。要生产和发展这样一种知识体系，首先要意识到“被殖民”这一点，然后，再努力从这种状态中解脱出来。

现代中国的大转型，并没有造就中国自己的知识体系，这应当是中国知识界的羞耻。也很显然，在能够确立自己的知识体系之前，中国没有可能成为一个真正的大国。单纯的GDP成就不了中国的大国地位。更重要的是，没有自己的知识体系，可持续发展也会受到制约。没有自己的知识体系，中国可以应用，但不会创新。一个严酷的现实是，一旦涉及创新，人们在中国看到的最多的是山寨文化、山寨概念和山寨理论。抄袭知识、复制知识，做大量毫无附加值的知识复制，是中国知识界的大趋势。这和中国制造业的情况没有任何差别。实际上，知识和知识的实践（制造业）是一枚硬币的两面。只有拥有了自己的知识体系，才会拥有真正的原始创造力。

要摆脱思想“被殖民”的状态，政治是关键。“被殖民”状态本来就是政治的产物，也必须通过政治而得到解放。中国传统上就没有知识创新的能力。中国数千年所拥有的，只是一种依附性的知识体系，即一种依附于王权的知识体系。秦朝统一中国之前，中国产生了百家争鸣的局面，确立了中国的思想体系。但是，秦朝统一中国之后，这种思想体系很快就演变成为王权依附体系。数千年里，只有当王朝解体的时候，或者当皇朝控制不了社会的时候，才会导致一些新思维和新思想的出现。

而在近代“向西方寻求真理”以来，王权依附就演变成为西方知识依附，知识体系的本质并没有什么变化。无论是哪一种依附，本质是一样的，就是维持政治在意识形态方面的控制。对统治者来说，相比之下，前一种依附要比后一种更有效。前者毕竟还是基于自身政治实践的知识体系，尽管保守，但为社会所接受，因此能够实现有效的软性统治。后者呢，作为一种外来的知识体系，既不能解释现实，也不能为社会所接受，因此在实现统治过程中反而扮演着负面的角色。这也就是当代中国的统治权表现得越来越刚性的主要根源。

很显然，要创造知识体系，创造者就必须摆脱政治因素的束缚，政治束缚从思维领域退出变得不可避免。当然，这并不排除用法治形式对思想领域进行规制。这一点连自由主义也是承认的。世界上不存在完全的自由，那些可以对公共生活产生非常负面的影响的思想领域，必须加以规制。只有规制，才能确立知识的社会责任。传统社会，因为其他的控制较少，意识形态的控制（表现在一种统一的文化和价值）对政治统治来说就变得非常重要。但是，在现代社会，统治者拥有了包括组织在内的各种现代化控制机制，就再没有必要通过思想的控制来实现统治权。

一旦当思想成为物质利益的奴隶的时候，思想就不再是思想；一旦当思维被控制的时候，不管是被政治权力所控制，还是被物质利益所控制，就不再具有想象和创新能力。这里的逻辑就是：国家越富有，统治者掌握的金钱就越多，思想就越贫乏，文明就越衰落。今天，当人们开始讨论起中国文化体制改革的时候，中国的决策者是否可以直面这个现状的症结呢？现实是，如果文化体制的改革不能促使中国摆脱这个逻辑，那么创新便是空谈，建设自己的知识体系便是空谈。

第三章

专业主义与知识体系建设

改革开放以来，中国把教育尤其是高等教育放到优先的位置。邓小平强调“科学技术是生产力”，教育的重要性是可想而知的。从政府的政策话语来说，全世界很少有像中国政府那样把教育提高到那么高的高度。对教育重视的程度不应当令人们惊讶。作为孔孟之乡的中国，数千年传统历来就强调教育。数千年之前，孔子就已经把人口、财富和教育作为立国的三个最重要要素，强调在发展生产、创造财富之后，唯一的大事情就是“教之”，也就是发展教育事业。无论是政府的政策还是传统都给予了教育高度的重视，但多年来中国教育的现实情况则非常令人担忧。

一、知识体系与教育哲学

为什么要谈教育哲学

这些年来，中国教育方面的改革也不少，但教育系统的情况并没有什么明显的好转，在很多方面，似乎越改越糟糕。老实说，尽管中国改革的各个领域都存在着非常多的问题，但人们最为担忧的还是教育，尤其是高等教育。教育领域方方面面的发展不仅没有实现人们对教育的高度期待，反而与这种期待刚好相反。在一些方面，中国的教育不仅没有为国家提高劳动生产力做出应当有的贡献，反而在阻碍劳动生产力的提高。改革开放以来，尽管教育有了大发展，但中国的技术创新能力仍然非常低下。不难发现，在教育费用大幅度提高的同时，教育所能给学生带来的价值在迅速减少；在大量大学生找不到工作的同时企业越来越找不到所需要的技术工人。改革开放近四十年了，中国大陆的产业升级异常缓慢。东亚其他经济体包括早期的日本和后来的

“四小龙”（中国的台湾和香港，以及新加坡、韩国）在其经济发展过程的早期，每隔十来年就会有一次产业升级。中国尽管仍然处于工业化的早期，但在过去的几十年还没有明显的产业升级。更为重要的是，中国仍然缺失自己的知识体系。无论在哪个知识领域，知识体系的缺失是显然的。科学和工程方面，知识具有普适性，中国尚可借助于“输入”的方式来填补。但也应当指出，这个普适的领域，中国并没有做出很多的贡献，中国在尽量输入西方的知识，就是说，应用西方的技术。中国能否继续这样下去？这取决于西方是否愿意向中国输出知识。西方对中国的知识输出，无论是研究还是技术产品，正在施加越来越多的限制。在这个普适领域，中国也有一些创造，但其所创造出来的知识与中国社会所给予的大量的财力和人力的投入不成比例。更为严重的问题在社会科学领域。改革开放以来，中国已经形成了世界上最大规模的社会科学研究群体，每年都在生产着不计其数的著作和文章，有效推动着中国出版业的发展。统计显示，就出版作品的数量来说，中国早已经拥有世界上最大的出版业。同时，也因为中国知识界毫不迟疑地接受了西方的研究“八股”（技术层面）方法，越来越多的学者能够在西方杂志期刊上发表论说。不过人们要问，这个庞大的社会科学群体在解释中国吗？大多数人所做的仅仅是寻找中国证据来论证西方理论。不难发现，大多论文都被冠以类似“来自中国的经验证据”这样的副标题。多少年来，在中国这片土地上互相竞争的都是来自于西方的各种思想、意识和观念。来自本土的思想、意识和观念到今天为止几乎是空白。实际上，就连对中国传统思想的论述例如儒学也已经严重西方化了，所谓的对中国的研究仅仅是用西方“八股”所做的再解释罢了。缺失自己的知识体系对中国的文化和文明发展的负面影响正在日益展现出来。很显然，知识体系是任何一个文明的主体和核心。在缺失这样一个核心的情况下，何以有中国文明的复兴呢？没有任何证据可以证明中国文明正在复兴。相反，文明衰落的症状则到处可见。

到底是什么因素使得中国教育和知识界处于这

样一个难堪的困境？很多年来，我们一直在思考这个问题。我们力图从政府的各种教育改革政策、学界的行为入手来理解中国教育和知识界的局面，但很难找到一个令我们信服的理由。就教育部门来说，每出台一个政策，其都能找到很大的合理性，洋洋洒洒，都是为了推进中国的教育和知识事业。但是，每一政策的实施则和政策的意愿有很大的距离，很多场合甚至是背道而驰。教育者和学者也一样。他们都是莫名其妙地为各种外在的力量（无论是政治上、经济上的还是社会上的）牵着鼻子走，在一些场合是被动的，在一些场合是主动的，但结果又是怎样呢？很多方面的目标都达到了，唯独他们的职业对他们的要求没有达到。而社会呢？社会没有参与教育部门决策的讨论，对很多政策，社会只能被动接受。一旦当政策对自己产生负面效果的时候，社会也就只会愤怒。社会对教育界的不满尤其明显，花了那么多钱把孩子送到学校，但学校培养出来的是什么样的人才？教育政策部门、教育者和社会三者现在处于一个恶性互动过程之中。

为什么教育改革达至社会对教育部门和教育者失去了信心的地步？这里的因素当然非常多。我们想从教育哲学的角度来透视中国的教育问题，因为我们相信教育哲学是其中一个最重要的甚至是关键性因素。我们在考察西方世界或者其他国家近代教育制度兴起的背景时发现教育哲学的重要性。在很大程度上说，整个近现代教育制度的确立实际上源自一种新的思想，也就是教育哲学。相比较而言，中国目前所处的困境也是一种思想的结果。这就意味着，要改变教育体制，首先就要改变教育哲学。如果不能改变这种教育哲学，那么任何有意义的体制变革都将是不可能的。改变教育哲学也就是思想解放的问题。实际上，这不难理解，中国其他方面改革的成功或者进步都是思想解放的结果。教育领域没有思想解放，也因此没有什么进步。当然，也必须强调的是，思想解放不仅是对执政党及其政府决策者而言，更是对知识界而言。

中国教育界和知识界缺什么

讨论教育哲学要从教育界的认同和边界开始。中国传统上有没有教育哲学？当然有。我们初步翻阅了一下，发现这方面的论著数量还不少，论文尤其多。但是，使我们困惑的是，尽管大家都在研究和谈论历史上一些人物的教育哲学或者思想，但大家都不能很清楚地回答“这是谁的教育哲学”这一关键问题。我们在谈论的是教育家的教育哲学，还是政治家的教育哲学，还是商人的教育哲学？或许有人会说，这一问题很简单。不过，对这一问题的重要性不是人人都明白的。我们觉得这既是一个认同问题，也是一个边界问题。

认同问题很重要。认同问题要回答的是“我是谁”的问题。当我们谈论教育的时候，我们是作为一位教育者和学者，还是一位政治人物或者商人？站在不同的立场上，就有不同的答案，因为这些是不同的社会群体，其背后的利益是不同的。例如，知识分子的利益是更多的知识，政治人物的利益是更多的权力，而商人的利益是更多的经济利益。每一社会群体从自我利益出发，对教育哲学就会有不同的理解。因此，如果没有这一认同，那么就会产生角色混乱的现象。边界的问题也同样重要。既然不同的群体有不同的利益，那么边界的重要性应当不难理解。政治权力有其边界，知识领域有其边界，商人有其边界。尽管权力、知识和经济都是同一社会的不同方面，但它们之间必须具有边界。如果边界混乱不清，那么就会产生它们之间的关系的高度紧张，例如权力和知识之间，商人和权力之间，商业和知识之间等等。

这里更应当强调的是，认同和边界对知识界尤其重要。知识界或者知识分子最重要的特质就是专业，最重要的品德就是专业主义。专业和专业主义不仅仅局限于知识领域，例如政治和商业也都可以视为是专业。德国社会学家韦伯 (Max Weber) 就把政治定义为职业，强调职业政治家的重要性。不过，无论中西方，当人们说“专业”的时候，更多的是指和教育训练有关的领域。知识界是一个特殊的领域，很多人都可以去从事政治或者商业，但不是每一个人都可以从事知识创造。在知识领域，专业主义要通过长期的训练和培养才可形成。

实际上，“专业”这个概念的起源指的就是基于教育之上的职业，为社会的其他领域例如政治和商业提供专业性服务。既然知识界也是社会的有机部分，那么向其他领域提供服务成为必需。但要指出的是，提供服务并不意味着这个领域要依赖于其他领域。在西方，古典意义上，历史最悠久的专业是神学、医学和法律。这些领域的专业人员当然是教育的结果。19世纪以来，随着技术的进步和职业的分化，专业也越来越多。但不管什么样的专业，都是教育的产物。

也正因为和教育有关，“专业”往往具有以下一些独特的特征。第一，规制性。专业由法规来规制，法律规定专业团体所要履行的责任。对专业团体来说，这是一种外在边界的划定，就是和其他社会群体的关系。第二，自治性。专业团体享有高度的自治权，来管理其内部事务。知识领域既然是一个特殊的领域，那么其必须发展出符合其自身特殊性的自治方式。第三，声望，专业团体成员因为其所拥有的知识一般享有崇高的社会声望。这个特点也表明，知识领域社会责任的重要性。因为社会对知识群体的信任，这个团体较之其他群体更有能力对社会造成影响。第四，和声望相关的是专业的权力相关性。权力包括两方面，一是内部的，即专业团体对其成员进行管理的权力；二是外部的，即专业人员对其他社会领域的人们的行为施加影响（在人类历史上，知识既为人类带来福利，也为人类带来灾难。知识的权利和责任的关系是一个非常重要的课题，当另文论述）。

所有这些特征是从知识的认同和边界衍生而来的。正如政治人物追求权力，商人追求利润，教育界或者知识界追求的是知识的传授和创造。尽管这些社会领域也是互相关联的，但每一领域都有其独有的产品，通过其产品和其他领域发生“交易”，即关联。很显然，每一领域总有一种自然的倾向性去影响其他领域，追求影响力。

专业主义很显然是“专业”的产物。专业主义的唯一目标就是把教育者和知识者每一个人的专业水平发挥到极致。如果从专业主义的角度，我们不难发现中国教育哲学的核心弊端在哪里。今天的中国，中国教育界和知识界，除了专业主义，什么都不缺。很多大学以培养了多少政治人物、多少亿万富翁为荣。唯独缺少的就是规定大学本质的专业主义。所以，中国无法回答钱学森之问，即“中国为什么出现不了大师？”道理很简单，中国的大学的目标不是培养大师。

在 20 世纪 80 年代的改革开放初期，中国发生了一场有关“社会主义异化”的讨论。这场讨论对中国的改革产生了巨大的推动作用，因为讨论使人们明白了什么是社会主义，至少促使中国脱离了贫穷社会主义。今天，把“异化”这一概念应用到教育和知识界再也合适不过了。如果要进行任何有意义的教育改革，那么首先必须回答教育界和知识界一些最基本的哲学问题，例如“什么是大学？”“大学的目的是什么？”“什么是大学应当做的，什么是不应当做的”等等。在大学的本质是“异化”的条件下，不管什么样的改革都会无济于事。

今天，最令人悲观的是，因为有权力和利益的支撑，大学里面甚至教育界里面的很多个体（无论是官员还是教员）感觉到自己都在发展和上升。但是他们并没有意识到，他们所处的整体教育制度正在快速地衰退，并且这种衰退的速度和大学（教育机构）所获得的权力和利益是成正比的。就是说，大学（教育机构）所获得的权力和利益越多，它们被“异化”的程度就越高，离专业主义就越远。如果今天人们还可以讨论“中国为什么培养不出大师”的问题，总有一天，人们就会失去资格来提出这个问题。

中国传统教育哲学及其弊端

讨论中国今天的教育哲学问题，回避不了中国传统教育哲学问题。中国传统的教育哲学是怎样的呢？讨论教育哲学不能过于抽象，而应当回答“谁的教育哲学”这个问题。这里，我们首先应当关心的是教育者和知识界的教育哲学，因为这个群体是教育的主体。无论是知识传授还是知识创造，这个群体的教育哲学是决定性的。那么，传统上，谁是教育者呢？

传统道家有针对其弟子的教育哲学，但没有发展出针对社会的教育哲学。道家强调个人道德的发展，但没有社会教育哲学，主要有两个原因。第一是道家对社会少有关心。道家向往的是与世界隔离的生活，这个群体以山林树木为伴。这就决定了这个群体不可能发展出面向社会的教育哲学。道家因此是一种地道的人生或者宗教哲学。第二，道家也有方法论上的问题。道家关心自然世界，又坚持独立个性，不依附权力和利益，从这个角度上看，道家是最有可能发展出知识体系来的。但实际上则不然。为什么？除了不关心社会现实之外，主要是方法论上的问题。知识体系来自主体对客体的研究，但在道家那里，主客体是不分的。道教坚持人与自然的合一，从今天的角度看，这一思想非常具有现代性，甚至是后现代性。但因为主客体不分，道家没有发展出自己的知识体系，尤其是和人类社会有关的知识体系。

和道教一样，佛教也有针对其信仰者的教育哲学，但没有针对社会的教育哲学。这和西方宗教构成了鲜明的对比。西方教育尤其是大学源自宗教，当然，从宗教到大众教育，这是一个复杂和痛苦的过程。中国的宗教没有演变出大学来。这里只是指出这个事实来，并不是说这是中国宗教的错。宗教的对象是社会大众，但没有发展出教育哲学来。从学术上看，这是个很有意思的研究课题。道教不关心社会，很容易理解。但佛教则是非常关心劳苦大众的，为什么也没有发展出教育哲学？这可能和佛教不是一种具有使命感的宗教有关。佛教强调“空”“出世”等概念，满足于现实，着眼于“来世”，这使得其不关心现实和改造现实，这和西方具有强烈使命感的宗教形成了鲜明的对比。

儒家是中国传统教育哲学的主导者。儒家教育哲学有几个重要的特点。第一，和关心自然世界的道家不同，儒家既不关心自然世界，也不关心外在世界，即“敬鬼神而远之”。儒家不否认外在世界的存在，但对其也没有什么特别的兴趣。中国传统没有发展出“形而上”哲学，和儒家的这一态度有关。当然，也正因为儒家的这一态度，中国文化演变成为世界上最为发达的世俗文化。第二，儒家关心的是人们生活于此的这个世界。不过，总体上说，儒家关心的不是解释这个世界，而是改造这个世界。或者说，儒家是一种规范哲学而非实证哲学，它所关心的是“世界应当如何？”而非“世界实际上如何”的问题。第三，儒家强调通过政治权力来改造世界，因此把知识和政治、学者和政治家领域紧密联系起来，即“学而优则仕”。就是说，在儒家那里，成为对国家有用的士大夫，就是知识分子和教育者的使命。第四，儒家的道德哲学消除了在个人、家庭、社会、国家和世界等领域的边界。儒家把道德视为政治的根本，其核心就是“德治”。而“道德”寄存的基础是家。因此，儒家强调“国之本在家”。这样，把家庭伦理和社会道德和国家治理联系起来。“修身、齐家、治国、平天下”，从个人到家到国家，它们之间没有任何边界。儒学经典《礼记·学记》把教育的社会功能概括为十六个字：建国君民、教学为先，化民成俗、其必由学。

着眼于现实政治世界，着眼于政治权力，着眼于人才教育，这些因素使得儒家成为世界历史上最为发达的政治统治哲学。中国传统社会的“士大夫”阶层是最职业和专业化的。不过，同时儒家的教育哲学对中国教育和知识生产本身造成了很多影响，导致其出现很多问题。

第一是规范性教育哲学，而非实证性教育哲学。儒家过于强调“应当怎么样？”使得其在很多方面过于理想，不考虑其所提出的理念能否在现实世界实现。在儒家那里存在着一个非常深刻的内在矛盾，那就是，一方面有强烈的意愿改造社会，建设一个好社会，另一方面因为仅仅从规范出发，对现实社会到底是怎样的没有深刻的认识，结果儒家改造社会的努力往往很成问题。在没有对现实世界作解释的情况下，又如何能够改造世界呢？儒家教育哲学没有发展出能够解释中国社会各个方面的知识体系来，哲学始终停留在规范层面，和现实社会并无多大的关联。尤其是当现实社会的发展不能吻合儒家的理想时，士大夫阶层不是随时修正自己，更多的是积极干预和阻碍社会变迁。儒家缺少社会进步观念，其自身的变迁往往远远落后于时代的变迁。

第二，儒家的教育过程过“硬”。儒家强调教育没有错，但儒家的教育过程是一个非常艰难的过程。理论上人人可以成儒，但实际上只有极少数人可以成为儒。一个人的“儒化”的过程，也就是儒家的灌输过程，显得非常“硬”。这个过程远比在西方个人宗教化的过程要困难得多。西方的宗教是针对大众的，而儒家的对象是精英。西方人称儒家为“儒教”显然不是很精确，因为儒家充其量是“精英宗教”，或者更确切地说，是一种意在塑造政治精英的“宗教”。

第三，与之相关，儒家所提倡的“有教无类”那么先进的思想并没有在中国开花结果。和西方相比，中国文化中并不强调民族、种族、宗教、阶级等等在西方决定一个人身份的因素，而是强调教育在塑造人的过程中的作用。在中国，社会成员只有“受教育”和“没有受教育”之分；进而，每一个人不仅有权利接受教育，并且也能被教育好。但为什么中国传统没有发展出类似西方的大众教育呢？这和儒家社会化过程的困难有关。西方从中国学到“有教无类”的教育思想，并很快孵化出大众教育的思想。西方的宗教是面向大众的，“有教无类”非常吻合西方的宗教精神。

第四，更为重要的是边界和专业主义问题。知识应当是没有边界的，什么东西都可以成为研究对象。传统儒家教育哲学是有边界的，即着重于政治或者统治哲学，而忽视其他方面的研究和教育。另一方面，儒家教育哲学则没有确立知识的边界，尤其是和政治领域的边界。它强调学者对政治的参与，政治和学术之间没有建立起边界，经常导致学术和政治之间的关系过紧。从知识体系确立和发展的历史看，知识的边界问题非常重要。知识的目的就是知识，就如资本的目的就是更多的资本、政治权力的目的就是政治权力一样。因为边界的缺失，儒家也没有发展出强烈的专业主义精神来。儒家知识分子的功利主义精神过于强烈，没有“知识的目的就是为了知识”的专业意识。

第五，缺失独立性。没有对知识的认同，没有明确的边界，这使得儒家缺少独立性。在没有自身的知识体系的情况下，儒家主要想依靠君王来改造世界，这导致了对权力的过度依赖。没有独立性也就不能形成知识分子的自治群体，这对知识分子这个群体和其他领域的关系的影响很大。对王权而言，知识群体是个依附型群体。这个群体千方百计想为王权提供有用的知识，但实际上，其所提供的知识实在很有限。很多场合，儒家所提供的仅仅是“统治术”。对其他社会群体而言，儒家往往把自己道德化，在很多场合演变成训斥人的哲学。儒家哲学里，社会是具有等级的，即士、农、工、商。儒家把自己放在首位，而这个“首位”主要是儒家认为本身掌握了社会所需要的道德。对社会而言，儒家也没有进步观。儒家主要着眼于根据现存的条件优化统治方法，这里面是没有进步观的。儒家强调统治者要根据现实而变化，但儒家里面是没有追求变化的因素的。因此，儒家也历来被视为是一种保守哲学。

儒家的保守性也影响了其和其他知识群体的关系。正如英国学者李约瑟（Joseph Needham）的研究所展示的，中国历史上也有辉煌的科技成就，但是中国的科学实践知识没有演化成科学知识体系。更有意思的是，在其他社会，科学知识往往总是积累的过程，也就是一直往前走的，累积到一定程度，就会出现科学知识的大突破，但中国的科学知识往往出现退化的现象，也就是往后走。实践知识不仅没有积累，往往被毁掉。为什么会这样？这里的因素很复杂，但有一点非常关键，那就是以儒家为核心的统治哲学。当儒家或者儒化的官员（士大夫阶层）看到一种技术或者技术知识会导致变化，影响其心目中的道德政治秩序的时候，他们必定和王权结合起来共同反对之。

上面讨论了作为知识群体的儒家的教育哲学。那么，社会上其他群体有没有教育哲学呢？中国的政治领域或者政治人物也有教育哲学。传统上，王权是有教育哲学的。这里首先应当指出的是法家。法家往往是统治者。法家积累了非常丰富的实践知识，也有比较系统的知识体系，但和儒家比较，法家并没有申明自己的教育哲学。

不难理解，王权的教育哲学的核心就是维持其统治。皇帝在统治社会时往往是儒法并用，用今天的话来说就是软力量和硬力量并用。儒家可以说是软力量，而法家是硬力量。儒家之所以能够成为王权的意识形态，是因为儒家接受了王权的改造。早期儒家，尤其是在孔孟时代，是非常独立的，这些儒家的先驱周游列国，推销自己的治国理念。在这个过程中，他们不畏权势，具有非常强烈的批判精神。皇帝当然会不高兴，在儒家和王权之间经常呈现紧张关系。秦始皇的“焚书坑儒”就是这种紧张的表现。后来为了适应王权的需要，儒家开始接受改造，把自己改造成为王权服务的知识体系。在改造过程中，儒家也强调讲真话，但因为儒家对王权的高度依赖，讲真话在理论上可以，在实际政治生活中讲真话的空间很小，甚至不可能。真话能不能讲，有没有用，主要取决于皇帝本人。在一些时候，例如宋朝，皇帝愿意和士大夫阶层分享权力。但在更多的时候，士大夫阶层讲真话甚至会招致杀身之祸。培养一个“听话”的士大夫阶层是王权教育哲学的核心。

中国的商人也没有教育哲学。商人在传统的士、农、工、商阶层等级中处于最后一位，其没有也不被容许发展出其自己的教育哲学来。商人阶层子女的教育问题也是儒家所承担的。中国的王权发展出了很多方法来消解来自商人的挑战。首先是把商人放在社会等级的最底层。一旦商人致富，就会要求他们收买土地、官职等，以免商人积累过多的财富对王权构成威胁。同时，商人也被灌输“学而优则仕”的思想，把接受儒家教育视为其子女的唯一出路。可以说，中国商人在教育方面没有发挥一个重要作用，这和西方形成了鲜明的对比。

在西方，商人阶层在教育哲学方面起着关键作用，可以从以下两个方面来看。第一，促成了教育和神学的分离。西方在中世纪是神权时代，神学是知识体系的核心，当时所谓的教育就是神学教育，神学也是衡量一切的标准，但文艺复兴彻底改变了这种局面。文艺复兴之后理性主义兴起导致了神学时代的终结。“终结”当然不是说神学不存在了，而是说神学不再占据知识领域的主导地位。理性主义的兴起有其知识背景，但商人阶层的崛起极其关键。商人是最讲究理性的，商业行为不能用神学来解释。

新兴商人阶层站在文艺复兴的背后，是文艺复兴的经济基础。第二，促成了知识和政府的分离。商人需要能够支撑商业运营的知识体系，尤其是法律。同时商人也担心政府的力量过大。知识和政治的分离对商人非常有利。知识界争取和政治权力的分离，商人是背后的推动和支持力量。在西方，大量的教育机构，尤其是大学，都是私立的，这完全是商人的功劳。没有商人的支持，西方难以发展出如此独立的知识体系及其生产知识体系的机构来。

政治、商业和知识三者之间的不同关系构成了中西方不同的教育体系。在中国，知识领域没有独立性，成为政治权力的一部分。而政治的最高目标就是秩序，创造秩序和维持秩序。秩序就是保持现状，不但不追求变化，反而阻碍变化。在西方，知识界不仅独立，而且往往和商业结成联盟。和追求秩序的政治不同，商业所追求的就是永无止境的变化，甚至是革命性的变化。在这个意义上，哈佛大学经济史学家熊彼特（Joseph Alois Schumpeter）把资本主义定义为“创造性毁灭”的过程。创新和进步是商业的特征，正如秩序和稳定是政治的特征。而知识是关键，知识既可以成为秩序的一部分，也可以成为变化的一部分。到今天为止，中西方教育和知识界仍然维持着这种差异格局。

中国近现代教育哲学

前文简单讨论了中国传统的教育哲学，聚焦于儒家和王权。应当强调的是，我们并不想给传统教育哲学下一个简单的价值判断。我们这里主要是一种事实的陈述，讨论和西方比较而言，中国教育哲学的一些特点。中西方不同的教育哲学产生的结果是不一样的。从维持王权体系运作的角度看，中国传统教育哲学非常成功。中国传统文化没有中断，也和这种教育哲学有关。前面强调过，儒家是世界上最为发达的统治哲学。但如果从知识创新的角度看，儒家教育哲学就显得过于保守了，导致了王权政体的简单重复。

那么，近代以来中国的教育哲学发生了什么样的变化呢？近代以来，中国教育哲学的变化和政治社会的变化紧密相关。社会政治结构主要有两个特点，一是分权，二是革命。这两个结构特征都为教育哲学的变化创造了条件。

首先是分权，即权力的分散状态。清末以后，中国政治的一个最显著的特点就是传统王权的衰落，但新政权则没有建立起来，这导致了权力的分散。和历史上每次王权衰落一样，权力的分散状态导致了思想界的异常活跃。但这次知识界的活跃有其自己的新特点。传统上，当王权衰落的时候，思想上尽管活跃，但还是在传统的边界之内。清末之后，则表现为传统上王权主导的儒家不再是主导性教育哲学，向西方学习成为风潮。其次是革命，革命是为了建立新政权。那些致力于革命的政治力量需要新的知识体系的支持，它们也尽力诉求于新的教育体系和教育哲学。

这些变化也导致了知识界的变化，主要有两方面：第一是知识分子作为相对独立的市民社会群体的意识开始产生。晚清废除科举制度之后，知识界和政治权力之间的关系突然不见了，传统上高度制度化的“学”与“士”之间的关联中断了，而新的关系则没有建立起来。这种脱离对知识界的影响是深远的，其中之一就是独立意识的出现。第二是政治和知识之间的边界开始产生。“五四运动”之后，各种从西方输入的知识体系相互竞争，政治力量对这些知识体系当然有所选择，但这并没有妨碍知识界对这些知识体系的执着追求。即使在蒋介石时代，这种政治和知识之间的边界还是存在的。蒋介石建立的政权不可说不专制，但这个边界是存在的。如果知识群体干预政治，蒋介石政权会干预教育和知识界，甚至镇压。但如果知识界对政治不感兴趣，政权对知识界并没有过多的干预。这种新的发展给中国造就了新的教育哲学，造就了新的教育体系。多年的积累，到了西南联大时期可以说是达到了顶峰。西南联大集中了近代以来中国教育界最优秀的人才，也为国家培养出大量的人才。

可惜的是，这种近代以来的教育哲学并没有真正在中国的教育界和知识界生根。前面我们有意识地比较详细地讨论了儒家的教育哲学，主要是因为要说明这种教育哲学仍然占据当今中国的主流。尽管教育哲学的名称和概念换了，但性质和内容没有什么变化。

在一定程度上，马克思主义在西方实际上是一种分析哲学，分析资本和社会问题的哲学。中国的教育体系没有什么独立性，只是政治行政系统的一个延伸。政治和知识界没有任何边界，权力还是倾向于控制知识。除了传统上所具有的政治行政手段外，现在又有了更现代也更有效的控制手段，即通过经济利益的控制等。知识界没有自己的边界，也没有自己的认同，仍然是一个依附型阶层，要不依附政治权力，要不依附经济利益。也就是说，知识界并没有强烈的意识为了知识而创造知识，而是为权力和利益提供服务。在这样的情况下，要有知识创造非常困难。

二、知识创新与中国高等教育改革

首先声明一点，下文所讲到中国高教改革存在的很多问题或者面临的挑战，这不是要否定中国高教改革的成就。我看过很多论述成就的文章和著作，这里不讲成就因为这方面讲的人很多，而且很多人已经讲得很透了，不需要我重复；也同样重要的是，多讲一些问题和挑战，希望我们都能直面这些问题和挑战，把高教工作做得更好。

中国的高等教育改革从 20 世纪 90 年代以来尽管也作了很大的努力，但似乎是屡战屡败。很多年来，中国社会对高等教育争议不断，不满越积越多。1999 年扩招和“准”产业化以来，各种问题更是层出不穷。实际上，教育改革已经成为政府和公众最不满意的改革。高等教育不仅满足不了社会的需求，没有培养出世界一流的大师（钱学森语），更重要的是，在很多方面，高教拖累了中国经济社会的发展。

高等教育的成败影响到中国未来社会经济甚至是政治发展的方方面面，更影响到中国的文明程度。

尽管整个中国社会已经有了相当的共识，即没有改革，高等教育就不会有任何希望。但是高等教育究竟应该如何改革，社会共识尚未形成。这些年里，所谓的高教改革也不少，但是越改越糟糕。很多人对高教改革已经完全失去了信心，这很容易理解，如果越改越坏，倒不如不改。

实际上，所谓的高教改革很多都名不副其实，是“折腾”，如果用近年来很流行的一个概念的话。一些改革完全是一些根本不懂教育的人的折腾，另一些则完全是由利益驱动的物质追求。不过，我们也不能虚无主义。如果高教要生存，要发展，还是需要改革。改革成为折腾，要不是因为所谓的改革者没有好的改革思想，要不就是改革动机不纯。要改革，就要对高等教育存在的问题有一个好的诊断。就像给一个病人看病，在对病因有准确诊断之前，滥用药方反而会使得病情恶化，甚至导致死亡，过去的经验已经表明了这个趋势。高教改革反反复复，不能给社会带来正面效应，社会对高教改革失去信心，而社会的失去信心使得改革变得更加困难，一个恶性循环正在形成。一些高教官员抱怨社会对他们的不信任，我想这个不信任是他们自己引起的。

我认为，对中国高等教育改革所存在的问题不能仅仅从高等教育本身来透视。高等教育只是中国总体政治、经济和社会制度的一个部分，或者说不存在一个独立或者具有高度自治性的高等教育体制（甚至整个教育体制）。因此如果不能从总体制度出发来透视高等教育问题，就会既找不到问题的症结，更难以发现解决问题的方法。

对高等教育体制的评价以及改革建议需要区分三类不同性质的问题。第一类是发展性问题，表现为教育投入不足，影响到师资、教学、科研；第二类是体制性问题，表现为资源配置，激励机制，政府对高等教育的管理方式等等；第三类是政策观念性问题，表现为混淆高教政策和一般的经济社会政策，以经济改革的方式推进高校改革，将市场化作为高校改革的方向和手段。政策观念性问题经常导致改革政策的错误导向，而政策的错误导向进一步使得高教改革误入歧途。改革越多，问题越严重，这三类问题都会影响到中国高等教育的表现，但是它们需要不同的解决方法。基于中国政府对高等教育的重视，以及中国社会对高质量高等教育的强烈需求，从长远来看第一类问题不会成为中国高等教育发展的主要障碍。就是说，这一类问题并不具有本质性，必须通过进一步的发展得以解决。相比而言，后两类问题更加重要，它们是体制性和方向性的问题。增加投入可以逐步解决第一类问题，但是不能解决后两类问题。所以后两类问题应该成为我们评价中国高等教育、寻找改革建议的切入点。

这里，我想从三个相关的方面来透视研究中国的高等教育，包括体制、人才（产品）和知识创新。体制关乎高等教育的治理，人才是高等教育的主要产品，而知识创新既和人才相关，但又是一个比较独立的过程。人才是知识创新的前提条件，但是否有知识创新又是人才培养的关键。同时，知识创新也是高教自我提升或者说生产者的自我升级的需要。我认为，体制的治理过程，人才培养过程和知识创新过程构成了高等教育三个有机的方面。世界各国都是如此。需要说明的是，这三方面涵盖了高教的主要功能，我自己对这些问题还在探索和研究过程之中，这里只是挑一些我比较了解的主要方面来谈一谈，供大家参考。

高等教育管理体制问题

从管理体制的角度看，中国高教的两个方面有突出的重要性，一是高教和其所依赖的行政管理体制之间的关系，二是高教内部的管理制度。20 世纪 90 年代以来，中国对过去建立的“苏联式”高等教育体系进行了很多改革，但是在教育管理体制方面并没有重大的突破，很多结构性的问题继续存在。

（1）外部关系

首先来看高校的外部关系。外部关系主要有两个层面，一是和政治的关系，二是和经济的关系。

在中国，一个突出的问题是政府对高校的政治控制和管理导致高校的行政化，高校领导的官员化和高校人才培养和知识创新过程的政治化。

中国的大学校长 / 党委书记首先是政治人物，而非教育家。这主要表现在高校的各级官员具有行政级别。行政级别不是高校内部的行政级别，而是国家政府系统中的行政级别。在任何国家，高校内部的管理体制具有等级性，不可避免地具有行政级别，但中国高校的级别是和国家行政编制紧密联系在一起的，是政府的行政级别。这就表明，高校首先是个政治行政单位，而非教育科研单位。这也就决定了，高校领导者的最重要的议程就是履行其行政职务所赋予的政治任务。追求高校的行政级别已经有很多年了。在20世纪80年代，北京的学院路名副其实，到处都是学院。但现在呢？一个学院也没有了。这些学院都升级了，变成大学了。尽管高校改革非常困难，但学院升为大学，一点困难也没有，因为各个学校的党委书记和校长的积极性都很高。很简单，对他们来说，改革等于升官。

作为行政官员或者政治人物，从政治角度来看，高校领导的任务和其他政府官员的任务没有什么两样。一般政府机关需要学习一个文件的时候，高校也需要一样学习；一般政府机关需要维稳的时候，高校也需要维稳。而培养人才和产生新知识就根本不可能提高到他们的议事日程上来。

不仅高校领导要搞政治，教员、学生也要搞政治。一所学校是政治单位，一所学院、系、所，甚至一个班都是政治单位。我每次回国，和大学教员、领导讨论问题，每次都听他们说学校政治，系所政治，就很烦。为了一点点小利益，大家互相斗来斗去。

大学校长和书记首先是政治人物和官员，那么其次呢？我想，他们的第二个主要身份或者认同是商人和企业家。这也不全是他们的责任，因为从财政的角色来说，国家对教育一直投入不够，十多年之前就在说，对教育的投入要达到 GDP 的 4%，但到现在为止，刚达到 4% 这个目标。应当注意到的是，在过去的十多年里，国家的财政收入取得了每年两位数的增长。为什么财政投入到不了教育领域？这是我们应当思考的问题。

校长书记要去搞钱，就要搞项目。教育产业化、扩招、建大学城、借钱等等都是商业行为。中国高校的债务有多少？前些年说有 3000 亿元。现在有多少，不太清楚。

校长书记对大学的管理也像官员对经济和企业的管理一样，片面追求发展的速度和规模，而忽视了高校应有人才培养、传播和创造知识的功能，当行政化、政治化和企业化主导高教领域时，高教最重要的品质，即专业主义或者专业精神就失去了制度的载体。

高教体制与政治体制之间是何种关系？现有政府对高校的政治式控制如何影响高校的运作？高校和商业世界的关系怎样？这些都需要我们研究。

要改革，就必然要去政治化、去行政化和去商业化。

去政治化就是政府要从政治式控制转型到法治式管理。要说高校完全没有政治，在任何国家都不可能。在各种政治制度下，政治总会以这样那样的方式来影响高教或者整个教育系统。实际上，现代社会的教育系统承担着很多政治功能。例如国民教育。

这里也应当指出的是，在总体政治制度使用政治方法控制教育系统的时候，生活在这个系统的人也往往过分政治化。例如，高校里的校长和教员应当是以自己的专业谋生的，应当追求专业知识的。实际上，并不是这样。我们在外面经常看到，中国的一些学者不是因为其学术水平而出名，而是因为其对政治的批评或者对政府的批评而出名。还有一些学者则倾向于走民粹主义道路，即做明星学者：天天在媒体上高论，而没有时间做学问。

这里我觉得可以从欧洲的教教分离（即教会和教育）的过程中学到一些经验教训。近代高等教育最初是从教会发展过来。高等教育开始时只是教会的一部分。在欧洲这个分离过程很长很痛苦。现在我们所看到的终身教职即 tenure 制度最初的时候是为了保证教员不会因为对宗教经典的不同解读而被解聘，现在的性质当然变了。教会和教育关系经过长时期的演变成为今天的样子，是两个不同的领域，对谁都好。在这个过程中，法治是关键。

在中国，要减低政治性，必须在法治之下，才能在政治和教育找到一个平衡点，让政治和教育达到双赢。在我看来，中国很多高校的政治性过强的主要原因在于外在的政治控制。没有外在的控制，高校内部就会产生一种自治的秩序。例如，在思想方面，各种思想之间就会做到互相制衡。对高校来说，百花齐放的秩序是最理想的。而对政治来说，主要在法律上规定哪些东西不可以讨论就可以了（这里要强调的是，世界上没有绝对的自由，自由是有边界的。即使在欧美，那些政治上被视为“不正确”的话题也是不可自由讨论的）。

去行政化比较容易理解。高校的内部管理体制不可避免是等级性的，尽管较之其他组织，高校组织最为扁平。去行政化就是高校系统从国家的官僚系统里面脱离开来。高校的行政级别实在没有必要。到世界上其他国家看看，没有哪一个国家的高校具有部级、副部级、局级等等。如果行政级别不去除，很难改革高教系统的政治行为和官僚行为。更为重要的是，这种制度有效地淘汰了领导人才。在中国，行政级别包含了太多的含义，工龄、党龄、政治忠诚等等。在新加坡，一共四所大学，三所大学的校长是外国人。只要是人才，新加坡就可以使用。如果新加坡也强调行政级别，这就不可能发生了。

还有一个问题是去商业化。现在校长、书记、院长、系主任、教员甚至学生都要去搞钱。大学现在就像个商场。是否搞来钱似乎已经成为衡量所有大学成员的价值的标准。应当说，这是社会上的 GDP 主义在大学的延伸。

钱的问题表面上看起来是学校的财政问题。因为财政不足才去搞钱。如果是钱的问题，那么通过发展就可以解决。但实际上，中国在这方面现在已经变成了高教的商业文化。有很多学校，这些年已经搞了很多钱，有些学校钱多得不知道用在何处。看看中国大学的基础设施，有很多甚至是发达国家所不能比拟的。很多教员也不差钱，很多人都有很多套住房。这种情况在国外有，但很少见。

在这方面，还有一点很重要的中国特色就是高校内部教员之间的贫富分化严重到何种程度。高校教员之间的贫富分化如果用基尼系数来算的话可能并不亚于社会群体之间的差异。国外学校教员之间有差异，但不会那么大，学校内部有收入再分配的功能。中国高校内部财政高度分权，各个院系（所）在赚钱方面的积极性发挥到了极致，但学校没有再分配功能。在所有这些过程之中，中国的高教实际上已经演变成为赚钱和赢利工具，而其生产功能（即培养人才和知识创新）则被忽视，这一点我在下面还会涉及，这里想说明的是，如果高校的这种已经高度制度化了的商业意识不纠正，那么即使经济再发展，国家给予的财政支持再多，都难以做到高校的去商业化。

（2）内部关系

在高教内部管理体制层面，有三种类型的关系需要讨论，包括学校行政当局和教师之间、行政当局和学生、教师和学生之间的关系。这些方面，上文已经谈到了一些。总体上说，因为行政管理部门的自我认同是官员，其对学校、教员和学生的管理方法和一般官员管理社会的并没有实质性的差别。这些问题我在下文还会提到。这里想谈一下对大家谈论得比较多的“教授治校”的看法。

对教授治校，我们不可片面理解，正确的理解应当是懂得高教的人来治校。并非每一个专业人才都会治校。在中国，哪一位教授在哪些方面取得了一些成就，就很可能要这位教员担任领导职务。这是中国的悲剧，是浪费人才。很多专业人才喜欢的是科研工作，而不是领导职位。大家可以看看国外的学校。那些把学校搞得很好的校长不见得是学问做得很好的。同时，在一些方面取得了很大学术成就的人来当校长的案例也不多。院长、系主任，这些不重要，大家要轮流当。

在中国高教目前错综复杂的情况下，我倒觉得需要一些懂教育的具有政治家甚至企业家精神的人来改造学校。

高等教育人才培养问题

要讲的第二个问题是中国高等教育的人才培养问题。我们可以把高教理解为一个生产过程，最主要的产品就是人才。这方面，存在着两个重要的问题，一是高等教育的产品在总体社会经济发展中的定位；二是生产人才所需要的资源。

在任何国家，高等教育的首要目的是培养适合社会和经济发展需要的人才，即教育产品。为了实现这个目标，需要合格的师资力量、合适的教材/课程、足够的科研设备。中国目前在人才培养方面存在很多问题。高校毕业生的就业能力不够，甚至是大量的失业，同时高教系统又无能力培养中国产业升级所需要的技术工人。就是说，一方面大学生找不到工作，另一方面是企业找不到有用的人才。企业找不到有用的人才已经严重阻碍着中国在全球生产体系中追求附加值的能力。我去珠江三角洲帮调查，发现那里的大部分企业三十年前开始使用农民工，三十年之后还在使用农民工。亚洲“四小龙”尤其是韩国和新加坡一般是十年左右产业升级一次。中国产业得不到升级，其中一个重要因素就是教育。中国的教育是世界上最产业化的，但又是和产业最没有关联的。就是说，高教和产业发展是严重脱节的。

这里，关键在于高教改革的定位错误。中国的工业化仍然处于早期，中国应当参考的是发达国家早期（尤其是德国和日本）和后来“四小龙”在经济起飞期间的高教模式。但有关部门参考的则是发达国家现代的模式。新加坡到现在为止重点还是在技能工人的培养，大学数量还是很少，大多数都是技术学校。

在很大程度上说，中国的高等教育不仅没能培养有用的人才，反而演变成为一个浪费人才的过程。我也观察到，大学生和农民工的工资拉平的现象。这肯定是个不好的现象。倒不是说农民工就不如大学生，而是说中国大学教育的失败。花了四年的时间、投入了那么多的资源，培养出来的人和农民工抢工作，这是说不过去的。怪不得最近这些年有高中生开始罢考（不参加高考），我想这是对的。

为什么会发生这种情形？这和20世纪90年代中期以来高等教育的结构调整密切相关。高校合并风过程中，各地求大、求全，认为学校规模越大，教育质量越好。我到现在为止还不理解“学校规模越大越好”的思想是从哪里来的。有人说是一些领导人从国外考察得来的经验，可是我们在国外找不到这样的例子呀！国外的大学有大、有小，但没有人说越大越好。大学不是规模经济，很多优秀大学都很小。

我读博士的普林斯顿大学就小得可怜，一个赚钱的学科都没有，没有医科、商学、法学等等。但普林斯顿大学是美国最有钱的大学之一。我想，中国的大学合并风是向企业改革学的，但只学了企业改革的一半。朱镕基任总理的时候，中国的国有企业进行了大规模急进的改革，就是“抓大放小”，这个改革很有成效。高教改革者也把大学视为国有企业了，来了个“抓大”，把一些高校生硬地合并在一起，做大了。这对当时各地都是一个政绩。但是，没有“放小”的过程，如果高校当时也有个“放小”的过程，今天的局面就可能不是这样了。

高校“抓大”的结果就是：快速地合并与扩张导致了教师质量跟不上，学科建设跟不上，科研设备跟不上。就是说，培养人才的硬件根本跟不上。所以有人说，七八条破船是拼不成一艘航空母舰的。这是有些道理的。“抓大”之后，很多高校简直就成了搞政治的场所，领导班子得不到整合，不团结。我想，很多学校到现在还没有解决这个问题。

在高校“抓大”的同时还有一个潮流，就是追求高校行政级别的升级风，即前面说过的学院升级成为大学。这造就了千篇一律的“综合性”大学，并成为主流的办学模式，有特色有专长的技术教育受到忽视，趋向衰落。在二十世纪五六十年代，为了满足国家主导的工业化的目标，中国实际上建立了一套以培养学生技能、技术为主的教育系统，很多专门学院都是在那个时代建立的。但是现在这个系统已经不存在了。如果从国家的工业化和经济社会发展水平来看，中国真正需要的就是专门技术学校。改革开放之后，我们学西方，但只看到大学，忽视了专门学校。例如在波士顿，有些专门学校的学费可能要比哈佛大学还要贵，但培养出来的学生的收入也会比哈佛大学毕业生高。我也到意大利去看过，发现那里的技术学校非常好。意大利现在是欧洲中小企业发展得最好的国家。

中国现在的情形是，高端技术有一些，低端技术过低，而中间技术缺失。这是这个教育制度安排的产物。中国的一些高端技术甚至可以和发达国家竞争，在一些方面超过发达国家也并不为奇怪，只要国家动员足够的资源，高端技术可以得到发展，苏联就是一个很好的例子。低端技术过低，我到全国各地去，会翻翻当地的报纸，非常留意有关技术学校培训的消息，所谓的技术培训就是10天到2周时间就够了，这不叫技术。如果我们观察一下每一个国家的技术分布（也因此是知识的分布），高端的是少数，最大量的就是中间技术。这部分是制造业和民生经济。世界上最大量的技术创新和改进也发生在这一领域。而现在中国缺乏的就是这一块。

新加坡的李光耀先生曾经说过，中国如果不建立很多技术和技能学校，工业升级不太可能。我非常赞同这个观点。中国现在所需要的不是北大和清华，而是能够为国家的工业化和经济发展培养技术型人才的学校。深圳在搞南方科技大学，从高教改革的角度看，非常好。但如果珠江三角洲要实现产业升级，可能要强调的是技术技能学校，而非大学。

这里要强调的另外一点就是，民办/私立高校并没有真正享受到市场化改革的好处，过多过严的行政控制阻碍了它们发展有特色的教育，限制了它们促进灵活就业的优势。

总之，中国从求专求精的苏联办学模式走向另外一个求大求全的极端。目前存在的很多问题都和中国片面求大、求全、求行政级别的办学模式有关，因此需要深入研究高等教育的结构布局，从这个角度找出高等教育资源配置不合理的真正原因，使教育真正以教师为本，以学生为本，为人的发展服务。

还有一个问题是培养人才所需要的资源。我想，在中国现在这个阶段，资源主要不是钱的问题，而是软件问题，也就是前面所说的管理体制的问题。可以举一个中国自己的例子，即西南联大。西南联大的时候，中国穷得叮当响，战乱，没有社会秩序，还有蒋介石政府的专制统治，可以说，当时没有任何条件来培养人才。但事实上，西南联大时期是中国近代以来培养人才最多的时候。西南联大师生中后来出了 8 位两弹一星元勋，约 170 位中国科学院或工程院院士。其中著名校友中更包括后来获得诺贝尔奖的杨振宁和李政道等世界级重量学者，涵盖了科学、工程和人文社会科学等各个学科。

我自己觉得西南联大在那么艰难的条件下的成功主要是软件，即学校的自治。自治就是懂教育的教育家办学。只要高校不去触动政权和政治，政治也不会找上门来。当政治无处不在的时候，学术思维就没有了任何空间；当思维没有了空间，人才培养从何谈起呢？

除了政治上的因素，现在还有商业因素，就是前面所说的学校内部的商人特色。我们的教员现在培养出来了什么样的学生？不能说教员的水平不行，主要是体制不行。这个体制迫使他们把重点放在赚钱上，而非教导学生。当一位导师（无论是硕士还是博士）被容许带几十位学生的时候，没有人会相信他们能够培养出人才来。这方面，你们要比我了解，不再多说。

高等教育知识创新（官僚化教育评审制度）

关于高校的知识创新问题。高校除了培养人才的功能之外，还应该成为知识和科技创新的一个重要基地。中国高校目前这方面的表现很不理想。一方面改革近四十年来，没有出现社会公认的学术大师；另一方面，在科技创新方面，高校也没有发挥领导作用。

中国工程院院士李国杰教授曾经很形象地把“科学引文索引”(SCI，science citation index) 称之为“愚蠢的中国式观念”(stupid Chinese idea)。SCI 的原意是要帮助科研人员有效获取文献信息，但引入到中国之后逐渐演变和异化，到今天已经成为学校排名、科研项目评审、科研申报、科研人员评价奖励等几乎是覆盖所有科研领域最重要甚至是唯一的评价标准。但实际上，情况要比李教授所言严重得多。考虑到类似的评审制度已经渗透到包括人文社会科学在内的所有教育活动领域，如果各种异化了的官僚化评审制度得不到纠正，长此以往，就会使得中国人变得愚蠢，永远培养不出一流的人才，国家也永远成不了一流的强国。

在西方，科学评审明明是科学研究的一部分，但一到中国就马上异化了，原因可能再也简单不过了，在西方，这样那样的评估体系只是科学研究者们方便和促进科学研究的工具。但在中国，它们则成了教育部门衡量一切的有效武器。就是说，它们已经不再是研究者群体本身的工具，而是教育部门管理学术研究的一项制度安排。

也很显然，类似的评审制度不仅仅局限在科学研究部门，也发展到了其他所有教育和研究活动。例如这些年纷纷流行开来的教育考核制度。教育考核很多国家都有，但这些都是要专业人士来确定和推行的。但在中国，各种考核都是教育部门决定、教育部门推行，加上中国的教育资源的大多是教育部门来分配的，教育评估者和资源分配者的合一导致了教育部门的权力过大。一些地方出现一大群校长和教授围着教育部门派来的一个小官员团团转的事情，部级官员围着处级甚至科级官员转。尽管这样的事情使得中国的校长和教授们蒙羞，但在这个制度环境下非常能够理解他们的行为。因为教育部门的一言一行决定了学校的等级和所能获得资源的多少，校长和教授们要取悦的并非某个小官员，而是金钱。

类似的评审制度多得出奇，不可胜数，如职称的评审、博士点、教育基地的设置，等等。教育部门能动性很高，乐此不疲地从西方引入各种评审制度；如果西方没有的，他们也可主动创新。因为这些既是权威的象征，同时也涉及到巨大的经济利益。再者，长期以来，教育部门对西方引入的东西从来不加以怀疑的。在缺失自信的教育官员眼中，由西方引入的东西甚至已经有了道德的含义。他们根本就没有考量到在西方是科学的东西到了他们自己的手中则成了反科学的了。人们往往只看到这里面所涉及的经济腐败，但更为严重的是整体教育制度的腐败。

教育部门把这样那样的评审制度套到中国，反而使得中国的教育和研究没有创新能力。无论是科研制度还是科研评审制度的移植，在自然科学和工程学还说得过去，因为纯科学有其普遍性。但到了人文和社会科学则毫无道理可言。

在社会科学，例如经济学，中国的学者们一方面大叫现存西方经济学解释不了中国的经济发展，但另一方面则继续不加思考地把西方经济学强加给中国学生身上。把解释苹果（西方）的理论套到橘子中国头上，结果是不伦不类。

在马克思那里，知识分子担负着双重的功能，即认识世界和改造世界。很显然，改造世界是以认识世界为前提的。很长时间以来，中国的知识分子一直在口口声声地要改造社会，但是如果连自己的社会是什么样子都搞不清楚，还想改造它？中国的知识分子从来就没有成功地改造过中国，这并不难理解。

学习是一个再创造和创新的过程，而不是简单地接受。社会科学就是解释特定社会现象的科学。在学习西方和美国的时候，人们只学概念性的东西，而不是方法。

西方社会科学中概念性的东西都是西方社会科学家在观察西方社会现象的过程中提取出来的。现在中国学者把解释西方社会的概念，机械地应用到了中国，而不是用科学的方法来观察自己的社会，通过这种观察抽象出新的概念和理论。

很多学者只知道搬用西方概念，而忘记了去考察这些概念从何而来。要学习西方的是人家如何观察社会现象，也就是方法，而不是人家观察的结果（概念和理论）。

现在各种由西方进口的主义充塞中国社会科学研究。很多人都爱讲这个主义、那个主义，但他们实际上学到的只是形式和概念，而没有学到西方社会科学的本质。

可以毫不夸张地说，现在的国际社会科学理论中没有一个概念是和中国相关的，更不要说是理论了。今天人们所看到的大多数社会科学家和思想家，都是欧洲转型的产物。就是说，他们的学说和知识产生于对欧洲转型的观察和研究。

中国的转型是人类历史上最为巨大的，但到现在为止，没有产生一个和中国转型相关的社会科学理论。中国的社会科学研究者如果光简单地接受西方理论，就永远建立不起能够解释中国社会现象的科学，或者中国社会科学。

要建立中国自己的社会科学，就要避免中国思维的美国化或者西方化。但事实上，西方化已经根深蒂固地被制度化了，因为西方的概念已经深深融入中国教育部门所主导的各种评价体系里面了。

比如，运用西方尤其是美国社会科学的概念来分析中国的问题，这样的研究很容易被国际主流社会所接受，因为这个“主流”是由西方来确定的。更重要的是，很多权威学术管理机构和学术评估机构都以美国为自己的标准，一篇文章只要发表在美国的刊物上，就是好文章。

因为自己没有社会科学研究和评估体系，只好搬用他国的。但在搬用过程中，所建立的体系可以说是比美国人还美国化。西方的评估体系是开放的，具有竞争性，评审标准也与时俱进。

西方学界根本不认为存在着唯一的标准，因此其评估体系也是多元体系。但这套东西一旦到了中国，就具有垄断性和封闭性。这是现有的教育和研究体制官僚化造成的。

西方的思维霸权在西方没有建立起来，但在中国很容易就建立起来了。照这样下去，中国永远不可能实现真正的理论创新，建立中国的社会科学更是遥遥无期。

对后发展中国家来说，在教育和研究发展过程中，政府的确应当扮演一个更为重要的作用。西方国家在数百年中确立起现代教育和研究标准。如果没有政府的大力加入和推动，后发展中国家很难赶上西方发达国家。但是，政府的作用不应当理解成为政府官员或者教育官僚作用。

专业人士应当扮演一个比政府官员更为重要的角色，或者说政府官员应当配合专业人士而发生作用。德国政府曾经这样做，日本政府也曾经这样做，这两个国家无论在教育和科研方面都处于世界领先地位。

如果不能对中国教育科研部门主导的评审制度进行深刻的改革，中国永远会处于贫于创新和贫于思想的状态。

所以，尽管中国似乎在知识领域发生着一场“全民研究运动”，即每一位研究者都在做研究，但是中国和世界在知识领域的差异正在拉大，并且拉大得很快。传统计划经济体制下的科研体制曾经创造了一些了不起的科研成就（如两弹一星），但现在这种传统体制既不适宜，实际上也被彻底冲垮。新的科研体系的建设困难重重。中国提出科教兴国已经有很多年了，可惜的是，情况不仅没有好转，反而在每况愈下。高教不改革，知识创新只是个梦想。

中国高教改革与“文凭病”

中东和北非阿拉伯世界发生“茉莉花革命”，对很多发展中国家来说，有很多经验教训可以总结。有人用民主化运动来形容这场运动。这场运动有争取民主的因素，但这是否意味着这些国家走向民主化的开始，还需要观察。人们不满于旧体制，想推翻旧体制是一件事情，而能否建立一个新体制，这个新体制和旧体制有什么样的关联，又是另外一件事情。发展中国家不仅应当关切这些国家会往何处走的问题，更需要思考这场运动为什么如此有效。其中一个重要的因素，就是很多参与者都是受过高等教育的社会成员，这里想着重讨论高等教育对一个国家社会政治所能产生的影响，想说明的是一个简单的道理：如果教育尤其是高等教育不能和一个国家的社会经济发展水平相适应，那么就会产生无穷的政治后果。

阿拉伯世界尤其是埃及在以往很多年里，教育（包括高等教育）得到了很快的发展。但是培养出来的人学无所用，大量受过高等教育的人处于失业状态，就业不足，而新毕业生找不到工作。他们所受的教育赋予他们很高的社会期望或者期待，但当他们的期望不能得到有效满足的时候，就演变成失望，最终是对政府和政治的怨恨。在这次运动中，受过高等教育者充当了“革命”的主力。

中国的情况不像埃及那样严重，但在高等教育和社会经济发展的脱节方面，非常类似。自 20 世纪 90 年代末以来，中国城市高等教育大扩张，越来越多的城市人口都能容易地进入高等教育系统，但同时因为教育的产业化，国家又没有比较好的针对农村人口的教育政策，很多农村学生没有财力进入高教系统。这样就产生了很多负面且具有政治影响力的结果。

首先是文凭“含金量”减少。因为高教的大扩张，得到高等教育文凭的人越来越多，但文凭的附加值则越来越小，甚至是负面的。现在，高中生的工作被大学生抢走，大学生的工作被硕士生抢走，而硕士生的工作被博士生抢走。在中国还得加上博士生的工作被博士后抢走。这样的情况可以概括为“高文凭，低就业”。其实，这种情况还好。更为重要的是，大学生不能找到有用的工作。一方面是企业找不到有用的人才，而自诩为国家培养人才的高等教育系统，其毕业生则找不到工作，导致大量大学生失业或者大面积的就业不足。在很多地方，大学生往往要和农民工竞争工作，而且竞争力不如农民工。这实在是对高等教育制度的嘲讽。

再者，在接受高等教育的群体中，来自农村的人口越来越少。这不仅仅是因为教育资源分配严重不公，农村学生不能接受和城市学生同等的教育，更是因为价格越来越高的高等教育，把那些学业优秀的农村学生排挤在体制之外。这不仅在加深着中国社会的不公平性，也经常使得这个被排挤的社会群体越来越具有政治性。

那么，为什么会产生这种现象？这里的原因很复杂，但有几个因素非常显然。

首先是高等教育决策者对人力资源投资的片面

理解或者错误理解。从1949年以前的“教育救国”到当代的“科教兴国”，至少从理论上说，中国人一直很重视教育在国家发展过程中的作用。随着社会经济的发展，越来越多的人意识到要强化教育投资，尤其是高教投资。这便是高教扩招、大学扩张、大学升级的背景。但是，这里面的问题其实是很大的。对教育的投入远远低于发达国家，甚至很多发展中国家。在高等教育方面，很多的教育投入并不是从经济、社会、技术的发展来考量的，而是从政治稳定的角度。高教的扩张从哪里来？一是产业化，就是从社会获取大量的财力。在很多地方，大学已经成为大学就职者“寻租”的工具，也就是盈利的工具。（应当指出的是，从社会获取教育资源并不是高教的社会化。真正意义上的社会办学还没有开始。）二是最便宜的投资，就是开办那些投入少而产出大的学科，尤其是人文和社会科学，培养出大量的只有“说话”能力而没有“动手”能力的学生，导致了上面所说的“学无所用”的局面。

其次是高等教育改革的政策协调出了大问题。高教改革由教育部负责，但没有和其他部门紧密协调。高教系统实际上变成为一个没有和社会经济发展部门相关的独立的实体。在成功的国家，教育尤其是高等教育必须和这个国家的社会经济发展紧密结合起来。人才并非抽象，而必须为社会经济发展所需要。但在中国，教育系统更多是属于政治范畴，属于思想控制系统。其所强调的不是国家的社会经济发展概念，而只是想着如何控制。在很大程度上，高校的属性仍然是政治组织，和社会经济发展部门相去甚远。

教育部门的 GDP 主义更是扭曲了高教改革的目标。GDP 主义先在经济领域盛行，很快就传播到教育部门。在经济领域，衡量党政官员政绩的指标是地方 GDP 的增长。延伸到教育领域，大学的规模和级别，毕业生的数量，教员所发表的论文数量、所申请到的各种基金、所指导的学生数量等等，都成为衡量一所大学好坏的“科学”指标。因为所有这些都直接地或间接地和金钱有关，GDP 主义就为大学的每一角色赋予巨大的动力和动机来追求数量。学生质量及其和社会经济的相关性则在这个过程中消失得无影无踪了。

中国社会也能够容忍这种情况。在文凭传统的影响下，在很多人的意识里，似乎文凭代表一个人的实际能力和实际作为。教育部门很有效地利用了这种社会心理，党政官员领域的文凭风更是对此推波助澜。“知识化”是中国干部“四化”的重要内容（其他“三化”为“革命化”“年轻化”和“专业化”）。不过，干部管理系统把此简单理解为“文凭化”。本科文凭已经大大不够了，好像一个干部没有一个硕士文凭或者博士文凭就不可以成为好干部。于是，干部中间的文凭风盛行起来，导致了无数的假文凭的出现。

教育所能扮演的角色怎么评价都不会过分，但应当搞清楚的是，人们应当接受相关和正当的教育。对高教系统来说，教育必须要和中国社会经济发展紧密结合起来。在脱节的情况下，很难培养有用的人才。现在的情况就是这样。因为脱节，教育已经严重阻碍着中国工业的产业升级。中国尽管早已经成为世界的制造工厂，但大量的产业工人数十年不变，都是农民工而非先进国家的技术工人。尽管中国一直强调技术引进，自己也有很多技术创新，但不能转化成为生产力，因为工人技术水平很差。同样一种技术由中国工人生产和德国、日本工人生产，附加值相差很多倍。这也可以解释为什么中国尽管有大规模的工业化和城市化，但中产阶级规模得不到成长。原因很简单。技术类型的产业工人是中产阶级，而农民工不是。

在另一端，也是因为高教和社会经济发展脱节，高教教员生产出大量但处于知识链条底端的知识（论文），正如农民工大规模生产着低附加值的工业产品，教授、学者数量急剧增加，他们的产量也在增加。但是，高教系统所重视的只是数量，而非质量。搞“科研”就像搞群众运动，科研资源极其分散，不能有效集中，也不能有效吸引人才。在这个过程中，表面上的人才培养演变成为实际层面的人才的“低质量化”。

在政治层面也是这样。教育对政府当然很重要，尤其对文职官员来说。但是，如果强调过分，就会出现很多负面甚至是致命的结果。中国有很多历史经验，长达数千年的科举制度并不能产生真正有才能的人才。科举制度产生了一大批只会考试而没有实际工作能力的“人才”。在封闭的情况，这些人才还有能力帮助朝廷统治社会。到了近代，一旦开放，他们就无能为力。这是科举制度解体的最主要原因。但是，现在科举制度又变相地回来了，如公务员考试，考的内容往往是一大堆虚的东西，很少有技术含量。有很多学者论证中国为什么没有发生工业革命，为什么没有能力开近代化的先例？其中一个主要原因在于虚空的儒家学说占据了主导地位，而忽视科学技术知识。

实际上，政府内部的“文凭病”甚至可以导致政权的解体。这里，国民党就是一个很好的例子。这当然不是说，教育没有用处。很多受过高等教育者具有容易和社会脱节的天然趋向，往往活在自己的“想当然”世界里，脱离社会，不知道社会实际上如何运作。他们往往从“社会应当如何”出发，很多改革经常过分理想化。很显然，从受教育程度来看，不可能理解为什么民进党能够打败了国民党？有人说，这是因为国民党政权内部的“博士病”。有太多的人持有博士学位，这个政权就不会牢靠。这并不是说，具有博士学位的人就没有能力，而只是说必须具有制度机制来连接教育和实际政治世界。

在考虑中国的教育往何处走的时候，人们不得不总结以往的经验和国际经验。教育改革必须培养有用的人才，而非空洞的政治家。在很大程度上说，中国的高教改革如果再继续在原来的道路上滑行，前面可能是死胡同。教育改革可能要“复辟”，要回归到改革以前的体制，即重视技术教育。很多三本甚至二本的大学（编者按：收录高考成绩排后的第二批本科及第三批本科的院校）应当重新回归成为学院和技术学校。如果不能建立起一大批技术和技能学校，学无所用的现象还会继续下去。高教系统所培养的学无所用的人才越多，产业升级就越困难，政府治理能力就越差，社会政治不稳定的风险就越高。

不管从哪个角度来说，高教改革任重而道远。

第四章

中国知识体系的未来：解释比改造更重要

在中国开始进入世界体系的时候，一些西方人说，中国和西方会是“同床异梦”。但是在早期，因为中国还处于世界体系的底端，并不能真正和西方“同床”，相互理解的问题还不那么迫切。不过现在，中国从世界体系底端一步一步往上爬，至少在经济方面来说，已经变成了世界第二。也就是说，中国开始和西方（确切地说，是和美国）“同床”了。一旦“同床”，无论中国还是西方，大家都觉得双方互不了解。因此，很多矛盾甚至冲突就爆发出来。

正因为如此，中国政府决定下大力气发展软力量，向西方解释中国。这当然有必要。但是关键的问题是中国还不能回答一个核心问题，那就是，“我是谁？”在不知道自己是谁的情况下，如何向西方解释自己呢？如何让西方世界了解中国呢？

一、建立中国自己的知识体系

首要任务是中国人要了解自己

中国的理论研究或者对自身的认识至少落后中国的实践好几十年。实践前进了，理论还停留在原地。在很多方面，学术界甚至比“五四运动”时期有倒退。那个时候，中国还有很多同时精通中国和西方的学者，他们知道西方的东西不能随便用来解释中国，也不会随意应用西方的东西。但是现在，精通传统的人消失了，精通西方的人也消失了，同时精通两者的人更不知道在哪里？

要让西方了解中国，首要的任务是中国人自己要了解自己。如何了解？这就要建立中国自己的知识体系。这里对所谓的“本土化”要有一个正确的认识。

中国很多学者完全在学西方，而另外一些学者则强调“本土化”，但对“本土化”的定义并不清楚。提倡“本土化”的学者看到了不能用西方的概念和理论来解释中国，这一点不错。但是，问题是中国本来就没有类似西方的科学传统。本土化如果意味着简单地抵抗西方，那也很难建立自己的社会科学。

确立中国的知识体系，但这个知识体系不是自说自话。任何知识体系必须是能够和其他知识体系沟通的。这就意味着，我们要确立能够和西方沟通的中国学，这就要求中国学者抛弃很多现存西方的概念和理论，返回原点，使用社会科学的方法重新观察中国现象，在此基础上再概念化和理论化。只有这样，才可以有与西方交流的平台和交流的语言。也只有这样，才能建设中国社会科学或者中国的知识体系。

建立中国自己的知识体系，并且是可以和西方沟通的体系，可能说容易，做很难。不过，这也不是一件不可能的事情。问题在于，中国的研究者必须具有这个意识。没有这个意识，再过多少年也不会有中国的知识体系，更不用说是话语权了。中国研究任重道远。

如何建立中国自己的知识体系

当然，缺少知识体系也不只是中国的问题，亚洲各国都是如此。近代社会科学是西方建立的，这并不是说，亚洲各国不能建立自己的社会科学，只是说在历史上没有能够建立社会科学。日本最有条件建立自己的社会科学，明治维新之后，日本成为亚洲第一个近代化的国家，其很多制度都是学习西方的。但很显然，日本各方面的制度，包括政治、经济和社会，和西方的制度相差甚远。道理很简单，尽管所有这些制度形式学自西方，但运作则在日本自己的文化环境中。日本是假装“西方国家”的亚洲国家。这里面有很多因素，例如日本本身学习西方的努力；日本在战略上高度依赖于西方；日本经济和西方经济之间的高度依赖性。但最主要的是，日本只有“西化”的努力，而没有建立自己社会科学的努力。当然，在这个背后的则是日本的知识界被西方尤其是美国所消化这样一个事实。尽管日本也有很多社会科学家意识到西方的知识体系不能解释自己，但力量很微薄，更多的社会科学家选择的是简单地接受西方的知识体系。

亚洲其他国家在知识体系上也都被西方所“殖民”。近代之后成长起来的学者（尤其是精英学者）都是受西方教育的，他们没有意识来改造西方知识体系，更无意识来确立自己的知识体系。当然，在这些国家，也有一些学者有这个意识，但他们是绝少数。不过，除了日本，即使这些国家的学者拥有这样的意识，也没有能力来这样做。规模很重要，很小的社会很难建立起自己的知识体系。

从各方面的客观条件看，建立亚洲知识体系的希望在中国。从数量上说，中国具有世界上最大的少数几个研究群体。改革开放之后，中国的研究队伍成长很快。尤其是这些年来，随着国家财政能力的快速增强，国家对各方面研究投入的增长也很快。各种吸引人才的计划也在进行。同时，中国的学术市场也足够大，不像很多小国家建立不起自己的市场而要依靠国际市场而生存。更为重要的是外界的客观条件，因为中国的经济崛起，越来越多的海外学者，尤其是传统上对中国不感兴趣的主流社会科学界，也开始对中国显示出无限的兴趣。这不仅仅是因为中国在国际社会的影响在提高，他们需要了解中国，更是因为中国已经成为当代社会科学研究最大的实验场所。现存社会科学概念和理论都是建立在西方的经验之上的，或者说，社会科学是西方社会近（现）代化的产物。但是，和西方的转型相比，中国当代转型无论从规模还是深度来说，都是西方所不能比拟的。中国的转型为社会科学界创造了可观的条件来进行知识创新。当然，中国的发展经验更可以检验所有现存社会科学概念和理论。

不过，这些有利于的客观条件并不意味着我们能够建立起自己的知识体系。相反，我们面临非常严峻的局势。很多主观层面的要素严重地阻碍着中国朝建设知识体系的方向发展。中国的知识体系还没有经历过我称之为“宏大的论述”阶段。西方的知识体系自 16 世纪之后开始得到发展，在 18 世纪、19 世纪得到长足的进步，到 20 世纪初基本完成。这个知识体系是建立在一系列“宏大的论述”基础之上的，诸如马克思、韦伯、杜尔凯姆、亚当·斯密等等。这些“宏大的论述”者是那个时代的产物。今天，社会科学，尤其是美国，已经转移到微观研究。欧洲还继续有“宏大的论述”的传统，当代优秀的社会科学理论仍然出自欧洲社会科学家，但美国的研究主要转向了微观。微观研究是美国人的优势。不过，这里我们要看到欧洲和美国的分工和合作。美国和欧洲同属一个文化传统。当代美国社会科学本来就是欧洲移民建立的，他们没有任何困难把欧洲的知识体系移到美国。如果用学术化一些的语言来说，欧洲人建立假设，美国人来检验。这种分工和合作，一直相当有效。

很多迹象表明，中国的知识体系还没有经历过这样一个“宏大的论述”阶段就直接进入了微观研究阶段。并且，中国似乎没有主观条件再去做这样一个“宏大的论述”。如上所述，中国自“五四运动”以来，就努力接受西方的知识体系，也就是说早已经放弃了知识体系的论述。改革开放之后，中国的社会科学过度美国化。现在的学者根本就没有“宏大的论述”的意识；相反，他们不觉得这样的论述有什么价值。他们往往用美国化的思维来研究中国问题。实际上，这种应用性的研究并不是真正的研究，而是用“苹果”（西方）的理论来评判“橘子”（中国）。上文已经讨论过，这种情况不会得到轻易地改观，因为中国学界一切视西方美国为标准，并且把这些标准通过评审制度等高度制度化了。这方面已经产生了巨大的既得利益群体，很难克服。

中国有没有发展出自己的知识体系的可能？我强调过了，具有很多有利的客观条件。从历史上看，中国可以也能够发展出自己的知识体系。这就需要很多的主观上的努力。欧洲的知识体系也是主观的产物。知识体系是人类创造出来的。我觉得至少可以从如下一些制度改革入手。

第一，政治和行政分开。对知识体系的创造来说，政治和行政应当有不同的责任。对现行政治应当有个新的定义。现在的政治是知识体系的阻力，因为其强调的是控制。政治一方面要从知识体系领域撤出来，另一方面要为知识体系的创造者造就有利的环境来进行知识创新。现在的政治控制必须通过政治方法才能得到解决。要意识到，知识体系是政治最重要的支持力量。传统中国是这样，西方社会也是这样。中国当代政治的脆弱就是因为缺失知识体系。因为知识体系是人创造的，行政不可避免。高教、研究所、智库等知识生产组织不可避免行政管理。撤出政治，强化行政有利于知识体系的生产。

第二，重新设计基金分配制度。如前文所述，现在的基金或者研究经费是实现政治控制的有效经济手段。随着国家这方面的投入增多，控制也会越来越多，越来越严厉。怎么办？我觉得应当把大部分研究经费作为工资分配给研究者。如果一个研究者85%以上的经济资源来自工资收入，那么他/她就可以做自己喜欢的研究，而不会为了求生存去申请研究基金了。同时，制度要透明化。这方面，发达国家有很多好的经验，不难学。

第三，设计中国本身的评审制度，去除极端西方化倾向。评审制度是需要的，但是要去除那些不利于中国知识体系生产的评审制度。在西方，评审制度本来只是研究者同行之间的事情，和政府毫无关系。并且，西方的评审制度是多元的，不同的价值和思想偏好的学者和其研究产品都能找得到自己的市场和平台。但到了中国，评审制度就成为组织控制其成员的机制。这就是说，要把评审制度从政治人物和官员手中移交给专业人才。再者，评审制度的内容也很重要，可以通过内容管理来促进知识体系的生产。比如说，可以鼓励那些有“宏大的论述”的作品的出版。

第四，更为重要的是，要提出知识体系创造这个问题，使得大家对此都有一个意识，有了意识才能自觉地去做。现在根本就没有这个意识，大家照抄照搬西方知识体系，应用西方知识体系，并且以为就是掌握了真理，这种心态是知识体系生产的最大的阻力。有必要开展一场知识界的大讨论，以达到一些最低限度的共识。中国不是没有人才，也不是没有客观条件，而是缺乏知识体系生产的意识和动员机制。实际上，我们可以从西方的知识体系生产和发展过程学到很多经验。我们的问题是本末倒置，花了大量的精力来学习和引进西方的知识体系，但完全忘记了西方的知识体系是如何创造出来这个根本问题。

中国“走出去”的现实路径

中国现在缺失知识体系并不表明我们要等有了一个完美的知识体系才能开始讨论“走出去”。实际上，任何地方，任何国家，并不存在一个完美的知识体系。任何知识体系都是处于变动之中的。知识体系的价值在于其解释现实世界的能力，而要解释现实世界，知识的更新是最重要的。例如，西方的民主自由价值体系源自古希腊，但西方人并没有抱着古希腊不放，并没有言必称希腊，而是做到与时俱进。人们可以看到，历史上，有关民主自由的理论已经经历了多次的演变。正是这种演变，才使得其拥有生命力。在每一个时代，总有人会宣称某一个价值会是历史的终点，但这些人最终都会被历史证明是错的。最近的例子是美国作家福山。在 20 世纪

90 年代初，他著《历史的终结》一书，宣称西方民主政治是人类历史最后一个政体，在西方名噪一时。很显然，这个观点的政治价值远远超出其学术价值。很多政治人物拼命用这个观点来批评非民主国家，但这个观点很快就被证明为是错误的。现在，即使是作者本人也已经改变了其观点。面临新一波民主危机，越来越多西方人相信民主并非是历史的终结（不过，应当指出的是，西方学术家对此观点一直持有批评态度的批判也是西方的软力量的组成部分）。

对中国来说，“走出去”的过程也应当是知识体系形成的过程。在前文的讨论中，我们可以看到知识体系和话语权是两个互相关联但又可以加以分离的部分。知识体系是话语权的基础，没有知识体系就不会有话语权。但也应当看到，光有知识体系不见得就有话语权。话语权是一种和“他者”的沟通能力。这种沟通能力至少可以分成三部分。首先，话语权就是让“他者”了解自己。这是最基本的。如果“他者”不能了解自己，那么其他的就无从谈起。其次，话语权表现为“他者”对自己的信服。其三，话语权表现为“他者”对自己的自愿地接受。这个过程说明了什么？至少说明，我们要在“走出去”的过程中来形成我们的知识体系，建立我们的话语权。

知识体系的形成不能走关起门来的道路。西方在近代知识体系形成过程中是实行开放政策的，包括中国在内的文明都对西方产生过很大的影响，中国文明的很多价值都被西方所吸纳。同样，中国的知识体系的形成也要实行开放政策。这里至少有两个因素。第一，中国本身尽管有深厚的人文历史研究传统，但缺少社会科学的传统。社会科学对建立中国的知识体系很重要，我们需要学习西方确立知识体系的很多科学方法。第二，在全球化时代，封闭的知识体系已经成为不可能。全球化不仅仅是贸易投资，更重要的是知识的流通。从话语权建设方面来看，闭门政策会导致“自说自话”，就会缺失上面所说的沟通能力。开放政策有利于沟通能力的建设。

中国要“走出去”，而“走出去”需要有内容。那么，在现阶段什么东西应当“走出去”呢？根据我自己的观察，现实地说，在现阶段，我们可以侧重于中国故事的“走出去”。在西方或者其他地方，没有多少人会相信中国自己制造的理论，因为很简单，这些理论都是搬用西方理论的结果。但是，外界对中国的“故事”则很感兴趣。西方学者一直惊叹于中国文明、历史所积聚下来的经验故事，更不用说是改革开放的成功故事了。强调“中国故事”就是要建设学界称之为“中国叙事”（China narratives）的东西。对中国来说，如果能够把“中国故事”讲好就是一个了不起的成就。讲“中国故事”并非容易。西方为什么有那么大的话语权？主要是他们把西方的故事讲得很好。很多价值观是通过“讲故事”表达出来的。你被一个西方故事所吸引的时候，也自觉接受了这个故事所包含着的价值观。中国也必须这样做。同样需要强调的是，“中国叙事”或者讲故事更适用于媒体，媒体在这方面可以和必须扮演一个重要的角色。而知识体系的构造则更适用于知识界。知识界的责任是在“中国叙事”或者“中国故事”的基础上把经验材料概念化、观念化和理论化。我在前面已经强调过，中国现在所拥有的理论大多从西方进口，或者是应用西方概念、观念和理论的结果，不能解释自己的经验材料，所以既不是自己的知识体系，也缺乏话语权。一种可以产生话语权的知识体系必须建立在中国自身的经验材料之上。这方面，中国的知识界和媒体需要通力合作。

最后，我也想强调知识体系和话语权建设的工具。在工具创造和使用方面，我们一定要改变“自力更生”的传统做法。现在的情况是，什么都要自己来做，自己的人“走出去”，自己当自己的“推销商”。但是这样做的效果并不见得就好。中国可以参与到世界各国现存的媒体、研究机构和大学中去，采用一种间接“收购”的办法。充分利用现有的平台要比自己重新做一遍更为有效。这里当然要克服恐惧心理。平台是谁建立的不重要，重要的是为谁所用。中国如果自己要去西方或者其他地方建立很多自己的平台肯定会出很多问题，产生非常负面的影响，而通过各种途径来使用现有的平台则会有效得多。

中国的话语体系建设的有效途径和方法

（1）不重复西方的议题联盟

在中国国际话语权建设中，中国不应该构建所谓的议题联盟。西方推行其软实力的失败之处就是他们的民主同盟。民主和自由历来就是西方世界在国际事务中的软实力，西方把推行西式民主和自由作为自己的使命，甚至不惜到处使用军事力量。民主在亚非拉国家并不成功。这是因为西方国家在发展中国家推行民主的时候忘掉了西方式的民主是西方经济社会发展和文化传统的产物。很多发展中国家缺少有利于民主发展的文化，经济社会发展水平低下，基本国家制度缺乏，民主没有生存的根基。在这些国家，民主和经济社会发展陷入了恶性的循环。同样重要的是，西方在发展中国家推行民主往往并不是真正为了那里的民主发展，而是为了其战略利益。正是西方世界在全球范围内推行西方式民主和自由，才导致了西方在发展中国家的影响力的衰落。

西方建立联盟在全球范围内推行民主的失败表

明软实力是强加不了的，必须要能被国际社会的大多数成员自愿接受，被不同的文化自愿接受。中国在进行国际话语能力建设时要考虑目标群体，即希望被哪些国家、哪些文化接受，但是不可以明确建立议题联盟，不要与他国尤其是西方对立起来。中国的国际话语应该是一种能够得到国际社会认同的价值观，必须结合中国本身的经验，在和外在世界（既包括西方世界，也包括发展中国家）的互动过程中产生。在确立自己的国际话语过程中，中国没有必要排除西方和其他发展中国家的参与。如果目标是为了发展中国家的发展，那么中国的国际话语必须是参与式和开放式的。西方所走过的单向的、意在把自身价值观强加给他国的路已经被证明是行不通的。参与式和开放式的国际话语既符合中国本身的发展经验，也顺应全球化这一大趋势。

（2）加强中国模式的研究

那么，在不建立议题联盟的情况下，如何增进中国国际话语的渗透力和传播力呢？如前所述，中国的软实力必须要让不同的文化接受，要让别人自愿接受，强制推行就不是软实力了。每个文化都可以有自己的话语权。中国要做的首先是要回答好“中国自己的软实力是什么？”这个问题。正如前文提到的，尽管中国的发展经验对其他发展中国家有吸引力，但是因为中国没有说清楚自己的发展模式是什么，没有建立起自己的一个对世界有贡献的思想和价值体系，反而陷入了西方的话语体系，因而没有能够为自己的行为和发展提供一个合理的说法。因此，中国要提高国际话语权，就必须首先明确自己的模式到底是什么。最近，有关中国模式的讨论多了起来，但是深入的学术研究还是很少。学术研究是第一步，没有这一步光是泛泛的政治说法不会有很正面的作用。动员大量的学术人才对中国模式进行研究看来非常有必要。

（3）从文化到政治

中国建设国际话语应该要区分文化话语权和政治话语权，文化话语权与政治话语权的建设与推广要一步一步来。要先从建设文化话语能力开始，再进一步发展到政治话语权和其他方面。历史上，西方国家国际话语权的建立和推广是从宗教话语权开始到文化话语权再到政治话语权的。国际话语权的建立要有一个过程，不能一步到位、全面出击，更不能强加于人。20 世纪 50 年代“四面出击”和“四处树敌”的那一套是完全行不通的。现在中国应该先注重文化话语能力的建设，比如目前在世界各地建立孔子学院推广语言这种做法就是一个试验。孔子学院大都只限于语言的教育，但正是因为只是一种语言的推广，所以就不会被视为对西方文化构成直接的威胁，推广的阻力也因此会相对比较小。当然，语言的推广是不会直接转化成文化话语权的，中国应该思考的是如何在这个基础上一步步建立起自己的文化话语权，进而再发展到政治话语权的建设。

（4）孔子学院的转型

在这个过程中，中国可以考虑逐渐把孔子学院从“大众教育”（侧重于语言学习）转型成为“精英教育”（侧重于对中国的深入学术研究）。怎么做？可以在完成了初步语言教育的基础上把孔子学院转型成孔子基金会。这方面中国台湾成功推行的“蒋经国基金会”可以效仿。孔子基金会可以设立各种项目，包括研究基金、奖学金和会议基金等等。中国可以成立一个专家委员会，有选择地审批项目。这种侧重于精英的方式远较侧重于大众的来得有效。毕竟西方对中国的看法大都决定于那里的媒体和研究人员。

（5）强调和西方的互补而非不同

在建设中国国际话语权的过程中，强调中国与西方在基本价值观方面的互补和协调非常重要。很多人在考量构造中国软实力时，总是把中国放在和西方竞争的位置上，强调中国与西方的不同，即中国特色。中国和西方的确有竞争的一面。如果中国需要自己的国际话语，那么就必须和西方的行为区别开来。这就是竞争面。但另一方面中国话语和西方话语又具有很大的互补性，尤其从长远来看。中国本身并没有否认包括民主自由在内的西方价值的合理性，而更多的是强调西方民主自由价值不适合中国，因为中国和西方社会处于不同的社会经济发展阶段和文化传统。同样，在发展中国家，中国既不曾也没有理由否认西方价值的合理性。中国强调的是民主自由等这些价值的实现需要一定的社会经济基础。没有社会经济基础，即使民主发生了，也不见得能够是和平的和可持续的。

（6）社会的参与

要激活国内的话语倡议能力，就要让更多学者争论中国自己是什么这个问题。当前中国的政策体制上虽支持学者的争论，但构建国际话语的方式过于以国家为主导。政府在推广软实力的过程中作用过大，但实际效果并不理想。比如媒体的“走出去”政策，新华社等媒体用非常急进和强势的方式在世界范围内推广中国的软实力，这些努力似乎不但没有消除其他国家的疑虑，反而在加深他们对中国文化“扩张”的不安。因此，这种做法是不可持续的。

国际话语构建和软实力崛起的主体是社会，而不是政府。中外都如此。在构建国际话语的过程中，政府与社会要配合，要确保在国内首先达成共识。要达到社会共识，“少争论”路线应当得到修正。如何通过大争论来达到社会的共识，确立社会的共同价值，这应当是执政党宣传和理论部门改革的重要内容。推广中国软实力的社会力量既包括国内社会又包括海外华人社会。只有通过支持这些社会力量对软实力的推广，中国国际话语权的建设才能事半功倍。

教育哲学的未来——专业主义

对于前边所讨论的中国教育哲学所存在的诸多问题，中国有没有可能发展出一种新的教育哲学？我们认为，是有可能的。为什么可以这样说？

目前的格局难以为继。教育的核心就是培养专业人才。不过，现在的局面是不仅培养不出人才，连人也培养不出来。中国的教育界把人培养成什么样的人了？这不是一个明了的问题。教育界担负培养合格公民的责任，但培养出来的人往往是反社会的；教育界要培养爱国主义者，但培养出来的人往往不爱国；教育界要培养专业人才，但培养出来的人往往一点专业精神都没有。实际上，很多所谓的人才在很大程度上连一个合格的公民的素质都没有。中国的传统强调先做人，后做事。但是现在培养的人又怎样呢？专业主义没有养成，就连作为公民的基本素质都没有。为什么？因为教育首先没有把他们培养成人。

如果大学生竞争不过农民工，那么还要这种高等教育干什么！中国的家长们非常辛苦，花大量的经济资源在小孩的教育身上，但有什么样的回报呢？最近几年出现了高中生罢考的现象，这非常容易理解。不过，在这个过程背后积累了社会对教育界多少的不满呢？传统上，教育界是最受人信任的一个领域，但现在的中国社会对教育界有多少的信任呢？

再者，政治权力和知识之间的关系也过于紧张。两者之间的信任比较薄弱，甚至两者之间的关系有些敌视。最终这种紧张关系会演变成一种零和游戏。现在在很多领域开始了政府向社会的分权运动，这个局面最终也必然扩展到知识界，知识界也必然会获得更多的自治空间。

因为教育界是政治行政体制的延伸，所以，如果要在政治和教育之间确立边界，政治行政改革必须是前提，仅仅局限于教育领域的改革会无济于事。实际上，从很多方面来看，政治权力方面也感觉到政治和知识之间建立边界的重要性。这种边界的确立实际上对政治权力非常有利。在全球化背景下，国家间的竞争越来越成为人才的竞争，知识体系的竞争。如果没有一个相对独立和自治的知识领域，如何在主权国家间增强自己的竞争力？在内部，知识发展的逻辑也在要求这一边界的确立。教育界如果继续处于一个依附地位，无论是依附政治权力还是经济利益，那么知识发展本身就很难成为教育界的主体。

但说到底，能够进行什么样的教育体制改革呢？上文已经讨论过，我们已经进行了那么多的改革，但并没有很大的成效。大多数改革都是头痛医头、脚痛医脚的做法。要进行有效的改革，必须同时进行两件事情。首先是确定改革的目标，其次是必须找到一个突破口。改革的目标不能过多，过多就不是改革了。我们认为，高等教育改革的目标只有一个，那就是专业主义的产生和发展。专业主义应当是教育哲学的核心。现存教育制度和专业主义背道而驰。我们并不认为，如果目前的局面继下去，中国能够建立专业主义；但同时也意识到，我们也不能另起炉灶。也就是说，专业主义的确立不得不面对现存体制，是要通过改革现存体制来确立专业主义。那么，如何在现存体制下确立专业主义呢？我们认为，这个突破口可以从如下几个角度寻找。

首先，现存的教育体系可以通过改革和调整工资结构而转型，形成一个有利于专业主义产生和发展的工资结构。现在在教育学术研究领域，国家的投入越来越大，知识创新能力却未随之增强，这是为什么？主要是经济资源在这里扮演了控制的作用，而非知识创新。现在一个教育者或者研究人员的基本工资很低，凭借基本工资还不能过体面的生活，更多的收入就要靠申请政府或者外面的各种资金。随着国家财力的增加，能够提供给教育者和研究者的资金也越来越多。这种收入分配制度貌似鼓励研究和知识创新，但实际的效果刚好相反。在其他国家，教育者和研究者的主要甚至是全部收入是基本工资。尽管也鼓励他们去申请政府或者其他资金，但他们凭借基本工资可以维持他们的体面生活。这样，他们就有足够的时间和空间去做思考，去研究。中国教师的这种工资制度不能鼓励独立研究，反而成了一种政治行政控制，就是说，资源分配成为有关部门控制教育者和研究者的有效手段。如果能把工资结构改变一下，总体工资水平不会有多少变化，但其对知识界的影响则是巨大的。这种改变，受到影响的是教育界的少数当权者的巨大利益，但收获最大的是知识界和知识本身。

同时，中国的教育和学术评审制度必须重新设计。和工资制度一样，现行的各种评估体系完全是教育部门为了管理来设计的，而不是用来鼓励教育者和研究者的。很多评估体系从国外输入。在国外，它们是专业主义的表现，是同行的行规，或者是为了鼓励知识创新和进步而设定的制度。但这些东西到了中国则演变成为官僚主义的产物。因此，教育和评审制度的设计必须从行政管理官员手中转移到专业人才手中。教育和学术评审应当是自治的组织自我约束的有效机制，而不应当是官员控制专业主义的机制。

再者，政治和知识之间边界的确立不仅仅是行政管理部门的事情，更是知识界本身的事情。中国的教育界和知识界，有两种倾向性阻碍着这种边界的确立，需要我们做深刻反省。第一，在很多场合，知识界本身不想取得独立地位，而过度依赖权力和利益。很多人把教育和研究看成追求自己利益的职位，他们对自己的专业很少有兴趣，更不用说是激情(passion)了。因为他们从权力和利益那里可以获取那么多的好处，他们根本就不想割断这个关联。第二，另一个群体则相反，他们不满足于现状，对权力持批评态度。不过，这个群体也不见得具有专业精神，对专业感兴趣。他们不和权力合作并不表明他们的独立性。无论是依附权力还是反对权力，知识界的目标都不是自己的专业主义，而是利益。这种局面不改变，最好的政治环境也无济于事。

但是，这里也应当强调的是，教育界的自治和独立地位并不是说教育界可以“无政府”。无论哪个国家，教育界是最具有规制的一个领域，个人、系所、学院等能做什么、不能做什么，都必须加以规制。中国的政治和行政仍然控制着教育界，但荒唐的是，教育界内部几乎出现无政府状态。除了批评政治，中国的教授和学者是全世界拥有最大自由的一个群体。教授、系所和学院什么样的事情都可以做。除了没有专业主义精神，他们什么品德都有了。如果这种无政府状态继续下去，如果教育界规制制度不能得以确立，那么无论怎样的自治和自由都会无助于专业主义的产生和发展。

要确立政治和知识的边界，知识界本身必须首先确立自身的认同和自己的边界。除了一些敏感的政治领域，知识界并没有什么阻碍来进行知识创新。应当看到，至少在一部分学者中间，学者的主体意识也在产生和发展。这是一个好的趋势。知识界必须确立专业主义优先原则，知识界追求权力不可避免，但要意识到，通过依附或者反对现存权力来追求权力是最无效的方法，这两种方法不仅加重着知识和权力之间的依附关系或者紧张，而且也有害于知识本身。最有效的方式就是追求专业主义。专业主义本身可以成为权力的巨大资源。专业主义的本质就是知识为了知识，知识的目的就是为了更多的知识，教育是要解放人的个性，培养独立精神，释放人对各种事物的好奇心，从而激发创造。一个从事知识事业的人不应当过问其所创造的知识是否与社会、政治和经济相关。如果是解释世界，那么其知识肯定是和现实相关的。知识如果对实际的政策造成了影响，创造了社会价值，那是知识的副产品，而不是目标。如果没有这种对知识的独立品德的认同，就很难成为知识的创造者，也很难成为教育家。

此外，我们也可以从中国经济改革方面学到一些经验。中国可以容许在现存的教育体制外，长出一个独立的个体来，即民办学校。中国第一波民办学校并不成功。无论从动机和体制设计上，民办学校和现存的学校并无任何质的差别，大多是现存体制的简单复制。大多数民办学校只是看重教育这块市场，主要的目标是利益。从国际经验看，这种民办学校不会有多大的成功概率。教育机构是非营利的。随着中国经济的发展，应当容许那些具有真正经济实力的企业家来办学。民办学校应当努力在体制创新上下功夫，而不是简单地分割市场。体制上的创新才是真正的创新。

我们这里只是列举了少数几个例子来说明教育哲学的变化可能对知识界带来的影响。很显然，正如在其他领域，教育哲学的改革也要呼吁思想解放。思想解放不仅仅是针对政治行政管理部门而言的，而且更是对知识界本身而言的。新教育哲学的确立必然会导致一个新教育局面的出现。

二、知识、力量与责任：中国知识群体向何处去

中国社会意识形态与危机四伏的“百花齐放”时代

英国哲学家培根说，知识就是力量（或者权力），而力量（或者权力）是要承担责任的。今天讨论这个问题主要是出于对中国目前知识界思想状况的深刻担忧。尽管中国继续被外界视为是权威主义政治体系，但从社会意识形态来说，中国已经步入一个

“百花齐放”的时代。这一方面是好事情，这种局面是改革开放以来所形成的多元利益格局的反映。利益的多元主义必然导致思想多元主义。那么，为什么担忧呢？主要有如下几个主要原因。

第一，目前在中国存在的都不是源自中国的主义，而是从西方进口而来。历史地看，春秋战国时代是中国历史上第一个真正的“百花齐放、百家争鸣”时期。当时中国社会处于大转型，各种思想系统化，互相竞争来影响现实政治。但当时所有的思想和主义都是源自于各诸侯国的实践，各种本土思想也意在影响各诸侯国的建设。就是说，各种思想都和现实相关，它们来自实践，不仅能够解释实践，而且也能指导实践。但现在进口的“百家”既不能解释中国的实践，更不能指导中国的实践。各种思想和中国的实践有什么样的相关性呢？思想决定中国的前途，思想的目的是指导行动，任何思想是行动导向的。尽管社会层面的意识形态和官方的实际政策之间存在很大的距离，但各种思想的目标就是影响决策者。如果这些进口的思想成为了官方主导的思想，那么会对现实产生什么样的影响呢？随着全球化进程，西方思想也在全球化，中国也无意拒绝西方思想。不过，从近代以来各种进口的思想对中国社会政治实践的巨大影响（无论是正面的还是负面）来看，人们必须思考这个问题。

尽管中国现在也面临各种经济、政治和社会问题，但从长远来看，最主要的危机就是中国人尤其是各类精英的思维或者思想危机。自近代以来，中国社会一直处于转型之中。有很多问题是任何一个转型社会都会面临的普遍问题，但也有很多问题是国家战略和政策所致。这后一类问题往往和决策者的思维和思想有紧密的关联。只要中国精英层的思维和思想继续处于近代以来的“被殖民”的状态，继续让进口的思维和思想来主导改革的政策，那么中国社会将继续面临无穷尽的问题。

第二，各种思想已经表现为极端性。思想在各国之间流通不可避免，也有其必要性，但极端思想则会产生消极后果，极端的思想导致极端的行为。在中国，各种进口的思想正趋向极端，尤其表现在左、右（自由）派之间。

第三，各种进口的思想早已经显现出其影响公共政策的取向性。思想由不同的社会群体进口，而进口什么、不进口什么则取决于不同社会群体的利益现状及其他们所要追求的新利益。因此，思想始终和公共政策相关。从二十世纪八九十年代占主导地位的新自由主义经济学到近年的各种“左派”思潮在这一点上都具有同样的性质。它们一方面追求自己可以获取利益的公共政策，另一方面对这些政策给予了强有力的论证和辩护，使得社会的整体认为它们是在追求公共利益，而非自私利益。

第四，各种思潮不仅和公共政策相关，而且也开始和社会力量相结合。只要是行动导向的，各种思潮必然寻求和社会力量的结合。一旦结合，就可实现“知”与“行”的统一，从而导向现实的改变。改变现实当然是目前的中国所追求的。但问题是向什么方向变化？如何变化？变化的获益者是谁？这些变化又会对中国整体产生什么样的影响？这些问题必须加以回答。简单地追求变化，所得到的很可能是大多数人不想看到的变化，甚至是必须努力加以避免的变化。

那么，当代中国各界的思想状态到底是一种什么样的状态呢？

中国社会阶层及其思想状况

执政党：现在的意识形态传统与传统上作为信仰意义的意识形态已大相径庭。

改革开放以来，从总体上来说，执政党一直处于一个“去意识形态化”的过程之中。改革开放之初，去意识形态化是一个艰难的过程。中华人民共和国成立伊始中国社会高度意识形态化，意识形态成为衡量一切的标准。旧的意识形态禁锢了人们的思想，成为改革开放的最大阻力。很显然，要进行改革，首先就要去意识形态化。这就是“实践是检验真理的唯一标准”思想解放运动的政治背景。这场“实事求是”的运动修正了原来的意识形态，使得意识形态不再在中国政治社会生活中占据主导地位，有效地推进了改革开放进程。没有这场运动，很难想象日后中国的进步。问题在于，此后，执政党不太重视意识形态的作用。任何社会和政治体系的运作都需要意识形态。意识形态不仅要解释现实，而且也要指导面向未来的行动。随着很多社会问题的出现，执政党也感觉到有必要确立新的意识形态。从 1987 年中共十三大提出的“社会主义初级阶段理论”、十四大提出的“社会主义市场经济”、2002 年十六大的“三个代表理论”到十七大的“科学发展观”都是执政党重建意识形态的努力。

但必须注意的是，意识形态重建的所有这些的努力，效果并不明显。实际上，现在的意识形态和传统意义上作为信仰体系的意识形态已经大相径庭。今天的意识形态主要扮演着如下功能：首先是论证政策的合理性。所有上述“意识形态”实际上很难说是“意识形态”，而只是不同的政策解释。第二是试图指导党政官员的政策行为。在这方面，这些“意识形态”还起着“统一思想”的功能。第三，更为重要的是，所有这些“意识形态”主要是为了推动经济发展。因此，这些“意识形态”至多可以说是经济政策“意识形态”。

这些“意识形态”有效促进了经济发展，却回答不了越来越多的问题，解释不了越来越多的现象，包括道德、社会、政治、文化等等。尽管执政党围绕着这些“概念”，并努力把之推及道德、社会、政治和文化诸方面，但并没有形成系统的、能够整合各方面社会生活的“意识形态”，更不用说是把这些概念转变成为人们的“信仰”了。

一方面是意识形态的衰落，另一方面是利益主义的崛起。这使得执政党面临无穷的问题。从前执政党具有两个武器，即组织和意识形态。现在，既然意识形态有些衰落了，只好全面依赖组织这一武器。如果说组织是硬力量，那么意识形态可以说是软力量。失去了软力量，执政党内部治理成本就大大提高，例如，执政党内部的腐败问题比较严重。就外部而言，执政党的统治效率下降，政府规模不断扩大，但政府对社会管理失灵的现象则很严重。

但最为重要的是执政党往往因为没有意识形态而失去了引导国家发展的大方向。意识形态说到底反映的是一个国家的核心价值。执政党之所以能够执政，就是要引导国家和社会去追求和实现这些核心价值。在这个过程中，执政党实现了两种权力，即领导权和统治权。意大利马克思主义者葛兰西曾经指出，统治阶级的统治要具有合法性，那么其必须超越其本阶级的利益，而体现国家意志 (national will)。就是说，执政党必须超越自身的利益，而能代表社会整体的利益。如果能够这样，那么执政党就会享有领导权。如何超越执政党本身的利益？一要建立国家的核心价值，也就是全体人民都认同的价值，二要带领全社会追求这些核心价值。但很显然，党政官员在过去的很多年里 GDP 主义横行，赤裸裸地追求经济利益，从而出现了许多的社会问题。无论党内外，GDP 主义驱动下的单方面发展造就了以钱为本的金钱主义。很多严重的社会现象就是金钱主义的产物，包括党内大面积的腐败、社会分化和党内外道德的衰落等等。

随着执政党领导权的减弱，其统治权必然强化。针对党内的反腐败运动和针对社会的维稳运动是统治权强化的典型表现。

任何一个执政党都必须是具有意识形态的。这些年来，至少在意识形态部门的人们对此是有认识的。在官方缺失一种能够整合社会的意识形态的情况下，他们就不断诉诸于任何对他们有帮助的政治意识或者意识形态，包括民族主义、传统儒家价值等等。当然，这些意识之间并没有任何有机的关联，什么场合、什么时间，需要什么主义，就把那个主义抬出来，这就是官方思想意识的现状。

"左派"的公平正义：除了怀旧和乌托邦，没有任何现实可行性。

因为官方意识形态的衰落，中国出现了巨大的意识形态真空。各种社会意识形态因此很快崛起，在中国的思想舞台上进行竞争。近年来，竞争之激烈到了何种程度？各种社会思潮之间并没有任何交流或者交锋，它们之间的竞争只是把各种思潮推向极端。其中最显著、影响最大的就算是"左派"和自由派之间。"左派"和自由派之间不仅互相竞争激进化，而且两者都是针对政府政策的。简单地说，"左派"构建了一个公平正义的乌托邦，而自由派构建的则是自由民主的乌托邦，双方都用各自的乌托邦来批评对方，批评政府的政策。

公平地说，“左派”和自由派都同样看到了中国社会的很多问题，并对政府不能解决这些问题感到不满，因此两者都对政府抱批判的态度。不过，两者对问题的诊断不同，对如何解决问题的认知不同，对中国社会的发展方向的倡导也不同。

“左派”的意识形态涉及很多方面，但就其和官方的政策相关性来说，主要是要否定改革开放以来的以市场经济为导向的改革政策。自20世纪80年代到现在，“左派”在这一点上从来就没有变化过。他们看到了问题，而把所有社会矛盾统统推给市场经济。一般而言，“左派”的理论来自马克思及其相关的新马克思理论的各个变种。马克思强调市场经济对社会的负面影响。作为市场经济主体的资本，其本质就是要把一些事物包括社会关系商品化和货币化。社会关系的商品化和货币化导致了社会秩序尤其是道德秩序的衰落甚至解体，这个分析并没有错。

从这个逻辑出发，“左派”指向了改革开放以来的市场经济的发展，比较极端的“左派”相信这些都是邓小平的错。他们认为，如果不是邓小平把市场经济引入中国社会，中国社会不至于面临那么多的问题。这些人因此开始怀念毛泽东，把毛泽东时代的中国视为是一个具有社会秩序和道德高尚的社会。有人甚至提出要回到毛泽东时代。这种看法在一些年长者那里流行，怀旧是今天中国社会的一大趋势。更重要的是，这种情绪也存在于那些并不理解毛泽东时代到底是怎样的年轻群体之中。和年长者不同，年轻人认同毛泽东不是根据生活经验，而是根据对毛泽东思想的文本解读。

不过，“左派”面临两个大问题。第一是如何解决，马克思从资本的本质出发分析了诸多社会问题的根源，但并没有找到解决方式。

贫穷社会主义之下有没有可能产生有效的社会秩序和高尚的社会道德？没有。在西方，市场经济对政治权力，或者资本对政治权力构成制约。但在贫穷社会主义下，政治权力和经济权力一体化，政治控制并不受任何的控制。在任何社会，贫穷社会主义都是和高度的政治专制连接在一起的。政治和经济的一体化既导致了社会空间的消失，也导致了权力的腐败，很难说是道德的。社会没有自身的空间，高度依赖于政治。在当时普遍贫穷状况下，人们基本生活得不到维持。贫穷生活显然产生不了社会道德。

第二，不管其有多么大的缺陷，市场经济是人类迄今为止所找到的最好的创造财富的机制。没有市场，就没有有效的财富创造机制，就没有小康生活。无论在西方还是亚洲，市场经济造就了庞大的中产阶级，也就是中国所说的小康社会。中产阶级和小康社会就是一种稳定的社会秩序。如果没有市场，国家所主导的经济活动更容易导致另一类更为严峻的不公平，就是东欧学者所说的“新阶级”。这是一个以政治权力为基础的官僚阶级，垄断着国家的大部分经济资源。

简单地说，要通过消灭市场经济而转向国家权力来解决社会秩序问题，除了怀旧和乌托邦，并没有任何现实可行性。

自由派的自由民主：只不过是另一种过度的理

想或乌托邦。

那么，自由派的观点又怎样呢？在中国，自由派又可分为两个主要的派别，一派是市场原教旨主义者，另一派是民主原教旨主义者。市场原教旨主义体现在几个方面。第一，他们信奉市场，相信中国所有社会问题存在的根源在于市场不到位，也相信一旦市场化，所存在的问题就能够得到解决。第二，在实际政策层面，他们不分经济领域和社会领域，提倡所有领域的市场化。第三，他们只相信效率，不顾分配，甚至仇视分配。

不过，自由派也同样解释不了很多问题。中国的很多社会秩序问题固然和市场化缺失或者市场化不足有关，但市场并不是解决社会秩序问题的唯一途径。市场化在解决一些社会问题的同时也产生着其他无穷的问题。历史地看，市场的发现改变了人类的经济发展史，为经济发展提供了莫大的动力。但同时，也给人类既有的社会秩序带来巨大的挑战。马克思曾经把西方很多社会问题归之于市场化。“看不见的手”（市场）的发现者和提倡者斯密也著《道德情操论》，强调道德情操在一个社会秩序形成过程中的至关重要性。在西方社会秩序尤其是道德体系发展过程中，宗教发挥了很大的作用。西方的宗教改革为资本主义的崛起提供了精神条件，但资本主义的兴起对以宗教为基础的社会秩序产生了很负面的影响。随着工业化和城市化的发展，社会流动的增加，尽管宗教还是一种非常重要的社会秩序和道德资源，但政府扮演了很重要的作用。这并不是说，政府取代了宗教提供社会秩序和道德资源。政府对社会秩序的重建提供了社会基础，主要是通过对社会提供保护机制，例如社会保障、医疗、教育、公共住房等人们称之为“公共财物”(public goods) 的公共服务。社会保护机制极其重要，没有有效的社会保护机制，西方社会秩序的转型不可能。政治权力并非和社会秩序相悖。西方从早期原始资本主义发展到后来比较人性化的福利资本主义，这本身并不是资本主义的内在逻辑。这种转型是社会改革和政治改革的结果。

从今天美国和西方社会秩序和道德状况看，市场化和社会秩序之间的紧张关系依然存在。例如从

2008 年开始的全球金融危机可以理解为金融部门过度市场化的结果，或者说缺少政府对市场的规制的结果。金融危机对西方现存的中产阶级社会秩序产生了非常负面影响。前段时间在西方爆发的“占领华尔街运动”的核心是西方的中产阶级。金融资本主义所表现出来的过度投机性质对传统西方道德（例如新教伦理）的负面影响更是巨大。

市场原教旨主义者既很难回答左派所提出的很多问题，即市场化对社会秩序的负面影响，其所提出的市场化的主张在实际生活中毫无可操作性，也只不过是一种过度理想或者乌托邦罢了。

如果市场原教旨主义者信奉市场，那么民主派信奉的是民主。在解释和诊断社会问题时，民主派指向政治权力，认为是政治权力导致中国社会的衰落和解体。在民主派看来，政治制度是社会秩序衰落的关键。他们把中国很多社会问题视为是政治权威主义的结果，因此，他们提倡通过民主化来解决社会秩序重建问题。民主化的目标是制约政治权力，如果“左派”的样本是毛泽东时代的中国，那么民主派的样本则是实行市场经济和民主政治的西方国家，尤其是美国。

应当看到，中国民主派和所有发展中国家的民主派并没有任何区别。在这些国家，一旦遇到问题，民主派首先总想到民主，以为民主是解决所有问题的关键。在后发展中社会，人们往往把西方社会的政治发展史理解成为一部民主化的历史，同时把一切美好的价值和民主联系起来，以为民主能够帮助实现各种期望的价值。

不可否认，民主制度是西方最重要的政治制度安排，民主化也贯穿近代西方历史。正因为这样，西方民主也为很多发展中国家所学习。但是把所有好的价值和民主联系起来并不符合历史事实。很多在西方民主政治中所体现的价值例如自治、分权和社会参与也体现在其他制度安排上。甚至在西方，这些价值在民主化之前就已经体现在其他制度安排上，或者说这些（其他）制度的存在推动了西方的民主化过程（在西方民主文献中，这些其他制度被归结为“传统文化”）。中国传统的制度安排实际上也在很大程度上体现了这些价值，尤其是分权。也就是说，从历史上看，人们所追求的很多价值通过非民主的制度安排也是可以实现的。当然，不能简单地把“非民主政体”解读成为“专制政体”。把人类政治史简单地归纳为“民主”和“专制”不符合历史事实。很多制度安排是技术性的和中性的，并不能用“民主”和“专制”这样的具有高度意识形态和道德的概念来解释。无论是民主政体还是非民主政体，都需要这些中性的制度安排，没有这些制度安排，就成为不了（近）现代国家。

再者，西方所取得的各方面的成就也并非用民主政治所能解释的。例如，很多西方学者发现，西方民族主权国家的形成和战争分不开，西方的工业、产业和商业组织文明是工业化的产物。即使在政治社会制度方面，近代国家的一些基本制度已经在民主化之前建立起来了。尽管人们不能低估民主化对这些制度的影响（有积极的影响也有消极的影响），但很多制度的产生和民主化并没有什么有机的关联。

反观一些发展中国家，尽管也实行西方式民主，但民主的品质极其低劣，民主往往是和腐败、无秩序与暴力联系在一起。除了民主缺少社会经济发展水平的支持外，泛民主也是其中重要的根源。民主本来只是政治领域的秩序，但这些国家把民主的原则扩散和应用到社会、经济、文化和教育等各个领域，这一方面很容易导致社会的无政府状态，另一方面也使得民主的品质成为问题。“民主可以用来解决所有社会问题”，这充其量只不过是一种无限天真的想法而已。

“左派”和自由（民主）派尽管体现为中国社会意识形态的两个极端，但两者之间在很多方面有惊人的共同特点。首先，两者都来自西方，同样解释不了中国的现实。其次，两者都具有相同的思维方式，“非黑即白”。不难理解它们之间的“水火不相容”的状态。再次，尽管两者追求的目标不一样，但都倾向于用同样的方式来达到这个目标，那就是激进化，甚至革命。也很显然，两者各自生存的方式主要就是把自己高度道德化，千方百计占据道德制高点，在此基础上，把对方或者把各自的“异己者”妖魔化。

双方都具有浓厚的“文化大革命”时代的“造反派”精神，甚至有过之而无不及。

更应当看到，无论是“左派”还是自由派，与其说是知识话语，倒不如说是政策话语，双方都在努力影响社会，影响政府的政策，各自都在追求和社会力量或者和政府力量的结合。市场原教旨主义者一直就是新自由主义经济学流行的知识力量。“左派”这些年对政府政策的影响很显然，至少在一些地方非常流行，而“文革”方式的政治运动则成为左派党政官员实施政策的最有效的工具。“左派”也经常被既得利益所用。

草根社会：从“愤青”到“被利用”到“理性希望”。

讨论中国社会思想意识状态也必须提及草根社会。在草根社会，总体的情况可用两个字来形容，即“愤怒”，就是说这一阶层的很多人对什么都感到愤怒，也因此被视为是“愤青”。当然，草根社会的愤怒不仅仅存在于年轻人中间，也存在于年长者群体之中。因为是愤怒而非理性，这个群体中的很多人很容易被政治人物或者激进思潮所利用，大都也倾向于成为自觉或者被动的牺牲品。

愤怒在任何社会都存在，只是规模和程度的问题。中国处于转型期间，社会问题频发，社会愤怒远高于其他社会，这也是可以理解的。一般说来，因为处于愤怒之中，人们就很容易忘掉了自我，忘掉了自己的利益。也因为愤怒，人们就缺少现实感，幻想着一个理想的世界，幻想着一个天堂。而上面所讨论的“左派”或者自由派所构建的乌托邦恰恰满足了处于愤怒之中的人们的心理，他们各自选择了符合自己心理需求的“天堂”，加入了“左派”阵营，或者自由派阵营，并摇旗呐喊。

草根的这种局面会在今后相当长的一段历史时期里持续下去，既给中国社会变化带来动力，又注入很大的不确定性。不过，也应当看到草根阶层中的理性希望。这个群体中，很多人在继续愤怒，但也有少数一些人在经历了一段时期的愤怒之后开始产生理性，而这些人正是中国未来的希望。从知识的生产来说，有关中国的知识很少可能来自目前的高校和研究机构中那些处于思想“被殖民”状态下的思想家和理论家，而更有可能来自这个草根群体。顾名思义，草根群体生长于中国社会的底层，体验和了解着一个真实的中国社会。尽管他们也受“左派”和“自由派”教义的影响，但是一旦当他们意识到这些外来的东西并不能解释中国，更不能改造中国之后，他们拒绝思想的“被殖民”。他们于是开始对中国社会的现实作理性的思考，并寻求解决问题的方式。

中产阶层：“沉默的少数”。

中产阶层可以说是中国沉默的少数。说其是少数，因为这个阶层的规模并不是很大。改革开放以来，中国开始出现中产阶层。到目前为止，中产阶层主要包括政府公务员、企业家和各类专业人士。政府公务员群体非常庞大，他们是一般的社会管理者，应当和前文所提的统治阶层有所区分。应当指出的是，这个群体主要是消费者，而非生产者。中产阶层的主体是不同发展阶段产生的企业家和专业人士。欧美工业化进程中最大的中产阶层群体来自最初的工薪阶层。随着技术的发展和工资的提高，他们转型成为中产阶层。但在中国，至少到目前为止，工人阶级还没有转型成为中产阶层。

从思想意识来说，中国的中产阶层到现在为止还只是一个消费者，而不是生产者。一方面，他们自己还没有能力生产自己阶层所需要的知识体系，另一方面他们也没有为他们说话或者代表他们利益的知识生产者。中国目前的知识群体要不围绕着权力转，即权力知识分子，要不围绕着利益转，即利益知识分子。无论是“左派”知识分子还是自由派知识分子，都处于这种状态。

因为没有自己的知识体系生产者，但又不能接受“左派”或者自由派，他们因此在知识层面深感不安。他们不知道中国社会的未来会怎样，他们自己的未来会怎样？但他们的经验告诉他们，他们的生存环境有问题。例如他们的经济地位非常脆弱，因为缺失有效的社会保障机制，教育、住房和生病都能够轻易改变他们的经济地位，作为今天的中产阶层或许明天就会沦落为贫穷阶层。因此，他们对自己的现状感到恐惧。

因为恐惧，他们也会愤怒。但是，和愤青不一样，这个阶层的很多人，尤其是上层中产阶层往往选择“退出”中国社会。在任何社会，中产阶层是社会稳定的阶层基础，他们最惧怕社会的不稳定。今天的中国，在中产阶层的眼里，各种因素都在促成社会的激进化，无论是官方的“沉默”政策，“左派”和自由派的激进思潮，还是社会的愤怒化。这些年来，随着社会的激进化，中国社会有两个群体在移民海外，一个是高端知识群体，一个是财富群体。这两个群体可以说中国社会的中上阶层。

知识分子不仅生产知识，而且也应用其知识来影响中国社会的发展。正因为这样，知识包含责任，生产知识的知识分子应当承担起知识的责任。否则，不仅不能促成社会的进步，反而会给社会带来巨大的灾难。这方面，在中外历史上，人类已经具有足够的经验教训了。如果中国的知识分子要在中国社会进步方面扮演一个正面的角色，首先就应当总结历史经验，吸取历史教训，搞清楚自己应当承担什么样的知识责任。

知识、权力和责任：经验和教训

知识就是力量。知识所能产生的力量并不难理解，人们往往把媒体视为是政治权力和经济权力之外的一个独立的权力极。不过，就其本质来说，媒体之所以产生力量，主要是其背后的知识。在很大程度上，媒体只是知识的其中一种表达和传播方式罢了。从总体看，随着媒体表达和传播技术的发展，知识的力量也越来越强大。

应当首先说明的，我们这里并不想讨论科学知识。对科学知识的责任问题，科学家们已经有很多的讨论。例如核武器。核技术的发明是科学史上的一大贡献，但核武器可以给人类带来无穷的灾难。在核武器发明之后，英国哲学家罗素等有过激烈的争论。科学知识的社会责任也表现在今天人们对科学研究的伦理问题的争论，人们对很多科学研究活动例如复制人类并不存在共识，这种情况的存在至少说明，人们（尤其是科学家）对科学知识的责任和伦理是有认知的。这里要讨论的是人文和社会科学领域的知识生产者。在这个领域，人们生产的是社会知识。历史地看，社会知识对社会的影响非常之巨大，甚至远较科学，但是对社会知识的责任问题，很少有人去讨论。

人类的进步和社会知识的产生分不开，在一些历史的节点上，知识甚至起了决定性的影响。当16世纪、17世纪之交的英国哲学家培根说出“知识就是力量”这一名句的时候，他是在描述这样一个客观事实，即知识在当时欧洲历史上所扮演的决定性影响。当时，欧洲通过文艺复兴运动，摆脱了中世纪宗教神权主导的“愚昧知识”时代的阴影，确立了理性主义的知识体系。在中世纪的欧洲，宗教神学掌控了人类的精神领域，垄断了知识领域，宗教教义成为解释和衡量一切的标准。文艺复兴最重要的目标就是要把人类从宗教神学解放出来，把人类的目光从“形而上”的宗教神学转向“形而下”的人类理性。文艺复兴的物质动力在于当时的社会经济面的实际变化，主要是商业活动带来的人类的理性精神。现实商业生活中所发生的并不是宗教神学所能解释的。商业实践的发展促使人们对宗教神学的怀疑，触发了人们对世俗理性知识的追求。理性主义是一个和传统宗教神学全然不同的新的知识体系，或者知识范式。

宗教、商业、政治和知识，这四个主要社会角色的互动决定了欧洲近代以来的历史。其中知识和商业之间的联盟和合作扮演了决定性的作用。知识首先从教会分离开来，在商业阶层的支持下，争取到一个较为独立的地位。历史学家们一直强调政教分离的作用，这并没有错。如果没有政教分离，欧洲的历史就会改写。但他们往往忽视知识和教会分离的作用，无论是世俗政权还是商业，如果没有知识阶层的合作或者竞争，那么历史同样会改写。在知识和宗教分离之后，并不是说宗教就不再从事知识创造了。宗教仍然从事其有关精神和灵魂的知识，继续为社会提供这方面的需要。但从教会分离出来的知识群体则转向“形而下”的知识体系创造，或者社会知识体系的创造。自此之后，人类社会的方方面面的变化，或好或坏，都和社会知识体系相关。

如果把西方的历史和中国的历史作一比较，人们就会对知识群体所起的历史作用看得更清楚一些。简单地说，知识和政治权力的结合造就了中国历史，而知识和商业的结合则造就了西方的历史。在中国，知识领域没有任何独立性和自治性。知识不仅是政治权力的一个内在组成部门，而且是高度依附于政治权力的。政治的最高目标是秩序，创造秩序和维持秩序。秩序就是要保持现状，不但不追求变化，反而阻碍变化。很容易理解，作为传统中国社会知识群体的主体的儒家发展出了世界上最为发达的统治哲学。

在学术界，学者们一直在讨论中国和西方社会的“大分叉”现象：为什么中国没有发展出类似于欧洲的资本主义体系，尽管中国的历史上也出现过诸多资本主义要素？为什么中国没有演化出近代商业制度，尽管中国历史的不同时期也有相当发达的商业活动？为什么工业革命没有发生在中国，尽管中国传统上也曾经拥有发达的技术？这些问题当然不是单一因素决定的。不过，在回答这些问题时，人们过多地强调客观的生产要素在中国和西方的不同组合，而忽视了知识体系在其中发挥的关键作用。一些学者观察到，在其他任何社会，技术知识一直是一个积累的过程，不断地积累，积累到一定的程度，产生一个突破口，技术就会发生飞跃式的进步。但在中国则相反，很多技术不仅没有积累性质，反而会倒退。中国的王权和知识一体化，把政治秩序看得比其他任何东西都重要。当一种技术被王权和士大夫阶层视为是会对现存社会政治秩序产生负面影响的时候，他们选择的是抵制、放弃甚至毁灭技术，而维持政治秩序。

这和西方形成了鲜明的对比。在西方，知识走的是一条和商业合作和结合的道路。商业首先促成了知识和教会的分离。商业和知识的合作在文艺复兴运动中扮演了关键的角色。商业需要世俗知识，而知识界则满足了这个需要。此后，商业也促成了政治和知识的分离。商业需要能够支撑其商业运作的知识体系，尤其是法律体系。再者，商人也担心政府的力量过分强大，知识和政治权力的分离能够促成商业利益的最大化。知识界争取和政治权力的分离，其背后的力量又是商人。很多西方国家，大量的教育机构，尤其是大学，都是私立的，这完全是商人的功劳，没有商人在背后，很难想象西方能够发展出如此独立于政治权力的知识体系。

很显然，与追求秩序和稳定的政治不同，商业所追求的就是永无止境的变化，甚至是革命性的变化。哈佛大学经济学家熊彼特（Joseph Alois Schumpeter）曾经把资本主义定义为一个“创造性毁灭”的过程。近代以来，伴随着西方社会自贵族专制社会到资产阶级民主到大众民主等社会结构的转型就是知识体系的转型。就是说，不同的社会形态产生不同的知识体系。这两个转型是互相关联的，在很多场合是互为因果的。权力、商业和知识之间互相独立，互相竞争，从而构成一种动态的平衡。

创新和变化是商业的永恒特征，正如秩序和稳定是政治的永恒特征一样。而这里，知识是关键，知识既可以成为秩序的一部分，也可以成为变化的一部分，中国和西方的这种格局到今天仍然在继续。

知识既可以为社会带来积极的变化，也可以为社会带来毁灭性变化。就是说，知识既可以是进步的来源，也可以是悲剧甚至是灾难的来源。对知识为人类带来的灾难，在西方的历史上不胜枚举。例如法国大革命前的抽象的“人民主权理论”导致了后来的多数人的暴政。当然，最极端的就是德国“二战”前的“种族优越论”导致了希特勒时代对犹太人的大屠杀。甚至很多直到今天为止仍然被人们歌颂的知识体系也始终对人类社会产生着负面的影响。例如近代欧洲产生的“绝对主权学说”，在欧洲导致了两次世界大战。此后，绝对主权的概念不断传播到世界其他地方，造就了各种形式的狭隘的民族主义。尽管生产出这一知识体系的欧洲开始抛弃它，但它仍然在世界的其他地方产生着巨大的负面影响。

经济知识方面也有类似的情形。古典经济学对人类社会知识体系做出了巨大的贡献。其中，其所张扬的市场经济为人类创造了巨大的财富。但当代的新自由主义经济学则为人类造成了巨大的灾难。2008年以来的全球性金融危机，其背后无疑是新自由主义经济学。这里，应当指出的是，当知识分子群体失去了其独立性，而演变成商业的一部分、高度依附商业之上的时候，知识可给社会带来毁灭的影响。

西方（尤其是美国）大量知识分子（经济学家）依附于商业，代表资本的利益，大力提倡新自由主义经济政策，从而结成了商业、知识和政策的利益联盟，这个利益联盟是2008年的金融危机的制度根源。没有知识这一方，这个联盟不仅难以形成，而且也不可能释放出如此巨大的能量。

在发展中社会，一个社会发展得成功与否与知识精英所承担的知识责任是相关联的。在亚洲，成功的例子有日本和“四小龙”（韩国、新加坡、中国的台湾和香港）。首先是经济发展，这些经济体在很短的数十年时间里走完了西方一百多年的历程，造就了国际社会公认的“东亚奇迹”。“东亚奇迹”就是对西方模式的偏离，其背后当然是知识体系的偏离。类似的情形也发生在政治领域，尤其是民主化进程。西方学者和东亚社会接受西方知识体系的学者都把东亚社会的民主化视为西方民主化模式的一个部分，而没有看到东亚民主化的成功之处就是其和西方的不同。日本民主被视为是西方式民主，但大多数了解日本民主的学者不会否认，日本民主只是在形式上和西方类似，在实质上是不同的。韩国和中国台湾也在很短的时间里走完了西方民主一百多年的历程，其成功之处并不在于这些民主具有了西方民主的形式，而在于民主化之前成功的经济和社会发展。例如，除新加坡之外，“四小龙”在民主化进程中也发生了社会抗议运动，但这些抗议运动都具有和平性质。为什么和平？主要是这些经济体所造就的庞大的中产阶级。如果没有这一条件，这些社会也会不可避免地陷入很多发展中国家所经历的劣质民主陷阱。简单地说，东亚社会的成就在于它们没有滥用西方的知识体系，而是在努力学习西方的同时抵制了那些不适合于它们自身社会的知识体系，通过知识的创新来建设自己的社会。

亚非拉很多发展中国家经济和政治的失败与照搬西方知识体系有关。这些国家大多数都是在“二战”之后反殖民地浪潮中取得国家独立地位的。国家从西方殖民地独立出来了，但这些国家的政治和知识精英的思想则仍然处于被西方殖民的状态，并且是主动殖民。在这些社会，反殖民统治的往往是在西方接受教育的知识精英，他们向往西方社会的发达，希望在独立之后很快成为像西方那样的国家。因此，在独立之后，他们照抄照搬西方模式。问题在于，西方模式并不适合他们自己的社会。结果怎样呢？很多社会在经济上陷入低度发展陷阱，政治上陷入劣质民主政治陷阱，让社会处于不发展、无穷的腐败、无秩序甚至内战之中。一些社会表面上也不缺西方形式的宪政、三权分立、多党制、私有制等等，但实际上则是“失败国家”。

即使是人人都谴责的柬埔寨红色高棉政权，也和滥用西方知识体系分不开。应当强调的是，红色高棉的主要领导人是在法国接受西方式教育，他们回到柬埔寨之后，看到了国家的落后，看到了社会大众和西方民众之间的巨大差异，因此他们要用所学到的知识改造柬埔寨社会，造就一个全新的社会。而造就一个全新的社会则是从改造人开始的，就是先造就“新人”，而后造就“新社会”，结果导致了数百万人被屠杀。今天尽管整个国际社会都在谴责红色高棉，但有谁去寻求其知识的起源呢？

那么，中国的情形又是怎样呢？在数千年历史上，因为作为知识生产主体的儒家依附王权，中国的知识掌握在王权手中。农民革命只是简单的改朝换代。除了为了造反的需要而产生的一些有关造反者的神话之外，没有任何新的思想出现。如果造反成功，掌握了政权，掌权者必然全盘接受儒家的知识体系。

但是自从和西方接触之后，情况就有了很大的不同。一方面，随着西方思想的进入，给中国的知识体系的变化带来了巨大的动力，对推动社会的变迁有着非常积极的作用。但是中西方两个思想体系的混合也造就了给中国社会带来负面影响甚至是毁灭性影响的“新”知识。这里，最典型的是洪秀全领导的太平天国革命，其所营造的思想知识体系提供了一个人们向往的“天国”，吸引了众多的信徒，对当时的中国社会所产生的影响是众所周知的。类似这样的事例非常之多。就连梁启超这样的思想大家也曾经提倡通过培植“新人”来改造中国社会，只不过是没有成功罢了。

即使是“五四新文化运动”之后逐渐形成的科

学主义知识体系直到今天也对中国社会产生着负面的影响。在西方，科学主义是近代理性主义的产物。但西方科学主义是有其边界的，就是说科学主义是意识到自己的局限性的，它并不否认有很多现象并不是科学主义所能解释的，因此把这些领域（例如宗教领域）让给了其他的主义。但当科学主义进入中国，就变成了检验和衡量一切的标准。例如，人们往往把情感、宗教等等不能用科学来解释的事情视为是“不科学”或者“迷信”。在此基础上，再把这些东西视为是非道德的、落后的、政治上错误的等等。更为重要的是，今天一些遭到人们批评的东西，例如改革开放之前的“计划经济”和当代的“GDP主义”，支撑这些政策实践的知识体系其实就是科学主义。

当然，对中国社会具有最长远负面影响的莫过于“阶级斗争”的知识体系了。马克思根据对资本运作和欧洲工业化的分析，发展出了“阶级”的概念，也看到了不同阶级之间的斗争对社会的推动作用。在马克思那里，“阶级”是可以加以客观衡量的经济概念。但是到了中国，这个概念则变成了“阶级斗争”。

阶级斗争一方面构成了人为推动历史发展的有效武器，另一方面也让人类社会付出了巨大的代价。

举了那么多例子，主要是想要说明几方面的问题。第一，知识就是力量，一旦产生，知识可以对社会变迁产生巨大的能量。第二，所以，知识需要承担责任。一种不负责任的知识会对人类社会带来毁灭性的影响。第三，知识既需要负责，也需要保持独立性。一旦知识成为政治权力或者经济权力（商业）的附庸，知识也会给社会带来毁灭性的影响。如果从这个角度来看，人们有充分的理由对今天中国社会各阶层的思想状态，尤其是“左派”和自由派越来越激进的思想，它们各自和政治权力、经济利益越来越密切的关系感到担忧。

如何建立一个负责任的知识体系

中国目前所呈现的多元思想格局一方面符合中国思想史发展的一般规律，另一方面又体现出其特殊性。历史地看，民间的思想解放会发生在如下几种情形。第一，当中央权力衰微，其对思想的控制不再那么有效，民间的思想空间遽然增加，思想自然表现活跃。第二，社会处于转型期间，利益多元化必然导致思想的多元化。第三，国家的开放带来了大量的外来思想，使得社会的“思想市场”多元化。中国当代的思想多元和开放政策、社会转型、利益多元、民间思想活跃等因素都分不开。处于转型期的中国社会对思想的需求急剧加大。一方面是不存在思想提供者，另一方面是社会的需求，这就必然出现这样一种情况：各方面大量进口思想和知识，或者来追求自身的利益，或者来满足社会的需要。

在全球化时代，无论是限制思想的流通还是思想的创造不仅不可能，更包含着巨大的代价。在这方面，中国现在面临一种困境。因为不可能限制思想的流通，政府方面已经完全放弃了外来思想在中国的传播。尽管进口的思想既不能解释中国，也和中国的实践不相关，但它们在中国竞争，竞争对政策和社会的影响。随着各种思想尤其是“左派”和自由派的激进化，其对中国各方面的政策和社会所带来的冲击也在加大。问题在于，诸多进口的思想在多大程度上能够担负起知识的责任呢？从“五四运动”到当代改革开放的经验告诉人们，可以确切地说，传播和贩卖这些思想的知识分子少有负责者。负责的知识分子是少数，多数只是为了追求自己的个人利益或者个人所属的组织利益，而对社会的责任无从谈起。

放弃对思想流通的限制，这是一大进步。但更大的问题是，中国还不存在能够解释自己，和自己的实践紧密相关，并能对实践具有指导意义的思想或者知识体系。有关方面不仅自己没有能力来创造这种知识体系，而且也限制民间来担当这个责任。不过，实际上，正如前面所讨论过的，因为整个知识群体（无论是官方知识分子还是社会知识分子）处于思想被殖民的状态，因此没有足够的能力来创造这样一种思想或者知识体系。很显然，尽管改革开放三十多年，经济上取得了巨大的成就，社会巨大转型，但思想和知识体系一片空白。

这就导致了无穷的恶果。正如前面所讨论过的，现在的局面是执政党意识形态急剧衰落，国家缺失核心价值，无论是执政者还是社会群体对中国本身的发展具有巨大的不确定感。更进一步，外在世界对中国的意识更糟糕。人们只看到中国在崛起，影响在增加，中国做什么、不做什么都可以对他们的生活产生不同程度的影响，但他们看不到中国崛起的方向和意义。于是，人们感觉到恐惧，各种“中国威胁论”从来就没有间断过。这些年里，针对这种情况，中国有关方面开始花大力气向外推广所谓的“软力量”。但问题是，在没有自己的思想和知识体系的情况下，到哪里去寻找软力量呢？是数千年之前的孔子吗？但孔子能代表中国吗？孔子回答不了人们心里的有关当代中国的问题。人们要知道的是，当代中国是什么？

各种进口思想和知识体系既不能满足内部的需求，对外更是毫无吸引力。无论从内外需求来看，中国迫切需要建立负责的知识体系，解释和说明中国的现实，指导中国的实践，并且也能“出口”到国外，以中国“软力量”的身份出现在国际思想和知识市场上。

要生产出负责的知识体系，首先就需要造就一大批负责的知识生产者，也就是知识分子。那么如何才能造就出这样一大批知识分子呢？这里，最重要的就是要确立政府和知识之间的边界。政府应当做什么、不应当做什么？知识分子应当做什么、不应当做什么？这些最基本的问题迫切需要回答。

在传统中国，提供知识的是儒家。因为儒家被整合进政治权力的一部分（即士大夫阶层），政府一直是知识的主要提供者。今天的情况如何呢？尽管政府也同样养着一个庞大的知识分子群体（或者政府知识分子），但这个群体已经没有任何能力来提供社会所需的知识了（实际上，这个群体必须为官方意识形态的衰落负起主要的责任）。

即使政府能够担负起传统社会那样的提供知识的责任，政府所提供的知识仍然很难满足现代多元社会的多元需求。因此，要承认，政府本身很难再扮演知识提供者的角色，更不用说知识的创造者了。不过，政府可以是知识的使用者。意识到这一点，政府就要在自己和知识分子之间确立一个边界，要容许知识分子在独立的天地里自主地创造知识。换句话说，政府必须主动负责为知识分子搭建一个有效的创造平台。如果中国的知识分子依附政府的传统不改变，那么知识分子创造知识的使命感无从建立。

同样重要的是，知识和经济之间的边界也必须得到确立。前面讨论过，历史上，在西方，知识和经济（即商业）结成了联盟，而在中国，知识和政治结成了联盟。但这个局面正在急剧地改变。中国数千年“士、农、工、商”的文化根深蒂固，知识分子一直远离商业。在传统意识形态下，知识分子和商业之间的关系没有任何合法合理性。也就是说，中国的知识分子从来没有经历过商业革命的大潮。但改革开放以来的商业大潮已经彻底改变了知识分子和商业之间的关系。今天，知识分子不仅继续依附政治权力，而且也很快依附在商业利益上，并且非常紧密。从西方的历史看，如果知识分子失去独立性，而过度依附商业，也会产生不负责任的知识体系，例如新自由主义经济学。实际上，这种情况在中国也已经非常显然。例如人们一直在提问，为什么穷人没有自己的经济学家？也就是说，为什么中国的经济学家要不为权力说话，要不为利益说话？不过，这并不难理解。为穷人说话，无利可图；而为权力和利益说话，有利可图。为权力和利益说话，已经成为中国知识分子的常态。在这样的情况下，知识分子所生产的知识很难是负责任的。

中国知识分子面临的这种双重依附情况又涉及另外一个重要问题，那就是，即使他们得到了自由，他们能够创造负责的知识吗？答案是否定的。今天，除了在少数敏感领域不能批评政府和涉及政治之外，中国的知识分子（教授、研究员等等）可以说是世界上享受最大自由的一个群体。中国的知识生产者最缺少的就是规定其存在之本质的专业主义。除此之外，还缺少什么呢？人们已经形象地指出，中国的教授们很像政治人物，很像商人，很像社会活动家，或者很像人们能够想象出来的任何社会角色，但就是不像知识分子。这并不难理解。专业主义是规定知识分子本质的东西，没有了专业主义，社会就自然失去了对这个群体的认同。而专业主义必须在一定的边界之内才能生长出来。

从这个角度看，界定知识和政治、经济之间的边界为第一要务。有了这个边界，知识分子才有可能在这个边界之内专注于知识和思想的创造。有了这个边界，知识分子也才能呈现出其独立的品德，培养其独立的精神价值观。

除了和政治、经济等领域的边界，知识分子如果要创造负责的知识体系，还必须具有国家和社会认同。在社会科学里，知识的创造没有边界，但知识是有边界的。毫无疑问，到目前为止，所有社会科学知识都是知识分子研究特定社会的产物。没有古希腊政治实践，就不会有亚里士多德；没有市场交易实践，就不会有亚当·斯密；没有西方资本主义，就不会有马克思；没有官僚体制，就不会有马克思、韦伯，等等。顾名思义，社会科学，这里社会是主体，科学只是方法。当然，因为我们所说的社会都是人类社会，只要是人类社会，那么必然就有一些共同性。这就是人们在谈论自己社会的时候，也可以讨论其他社会。客观地看，任何一个知识或者思想体系都是特殊性和普遍性的结合。特殊性，就是说这个知识和思想体系是针对特定社会的；普遍性，就是说这个知识和思想体系和其他社会具有相关性。

如果意识到这一点，那么中国知识分子首先要意识到自己的思维和思想被长期殖民这个事实。有了这种意识，才能去自觉地摆脱这种被殖民的意识，才能确立自己的国家和社会意识。

在中国的知识分子群体中，我们不难找到西方经济学家、西方政治学家、西方社会学家，但很难找到中国经济学家、中国政治学家和中国社会学家。这是中国知识分子的认同问题。因为近现代社会科学为西方所创造，西方也仍然继续主导社会科学的所有方面，知识分子受西方影响不可避免，同时，学习西方也属必需。只有了解西方之后，才能理解自己所处这个社会的特殊性；也只有了解西方之后，才能了解自己所处这个社会的普遍性。

从方法论上说，中国知识分子更是需要学习西方。正如在科学和工程，大部分方法论是普遍的工具。尽管中国知识分子也需要在创造新研究工具方面努力，但对西方已经发展出来的工具则可以大量“进口”。现在的问题是，中国的知识分子并没有区分作为方法论的工具和应用这些工具所产生的知识和思想体系。现在我们所面临的几乎所有社会科学概念和理论都是西方社会科学家应用他们的科学方法观察和研究他们所处的社会而发展出来的。中国的知识分子少有这个意识，大量接受西方的概念和理论，视其为普世的，简单地把它们应用到中国，来解释中国，或者试图影响中国的实践。这是一种很不负责任的知识行为。

当然，无论从文化交流的角度还是知识传播的角度，知识进口仍然会继续，也属需要。但是，如果要创造负责的知识和思想体系，中国知识分子必须首先解决自己的知识认同问题。没有这个认同，就很难去理解自己身处的社会。

在方法论层面，人们还必须指向培根时代就已经开始发展出来的实证和实验传统。知识不负责任，和创造知识的方法论有很大的关联。在文艺复兴之前，神学对社会的毁灭性影响在于其规范性、不可证实性。当一种不可实证的规范性知识体系被用来改造人类社会的时候，就经常会给人类带来悲剧。很显然，这样做，会演变成一种“削足适履”的局面，就是改造人类社会，使之符合某一个想象出来的价值（理想状态）。

在中国，这种倾向性尤其严重。中国传统以儒家为核心的主导知识体系就是一种规范哲学，它强调的是“应当怎么样？”的问题，而非“实际上怎么样？”的问题。直到今天，中国还没有真正确立这个实证哲学传统。大多数知识分子对中国的关切仍然是规范性的，而非实证性的。马克思强调，哲学家的两件任务，第一是解释世界，第二是改造世界。这里，解释世界是改造世界的前提条件，因为只有在懂得世界实际上是怎么样的之后，才能去改造世界。很显然，解释世界是实证哲学的任务，而改造世界是规范哲学的任务。如果没有解释世界这个前提，改造世界很可能会对世界带来毁灭性的影响。

专注于规范研究而忽视实证研究也容易导致知识分子对自己、对其他事物的道德化。不难发现，在中国知识分子群体中，人们往往抢占道德高地，把自己无限道德化，而把不同意自己的观点、不接受自己的价值的他人无限妖魔化。今天中国社会“左派”和自由派之间的敌对关系就是双方从“规范”看自己、看他人的结果，是知识领域的“阶级斗争”。

概括地说，如果中国知识分子要创造负责的知识和思想体系，知识分子的“去三化”是前提，即去政治权力化，去经济利益化，去思维被殖民地化。这“去三化”也是中国真正确立自己的社会科学的前提。这个任务很艰巨，但必须完成。只有完成了这个任务，中国才能在确立自己的核心价值的基础上，找到具有普遍性的共享价值。只有核心价值和共享价值统一起来之后，中国才能崛起于世界强大民族之林。

三、在“知”和“行”之间：智库的角色

中国传统哲人王阳明在其哲学思考和官僚工作经验中悟出了“知行合一”的道理。“知行合一”是一个理想状态，在实际生活中，两者之间存在着一个巨大的鸿沟。在任何社会，对任何一个组织（包括政府）和个人来说，要做到知行合一都不是一件很容易的事情。一方面，有很多事情，只会停留在“知”的层面，或许永远不会有“行”的机会。另一方面，也有很多“行”，也就是“实践”，并没有能够提升到“知”的层面。“知行合一”既然是一个理想状态，那么就要去追求。我个人认为，智库的角色就是要在“知”和“行”之间搭建一座双向桥梁，即一方面要追求如何把“知”转化成“行”，另一方面，要把“行”提升为“知”。

政策研究者的“知”与“行”

正因为是处于“知”与“行”之间，政策研究

者就必须同时了解“知”和“行”，但和这两者本身又不完全一样。

首先，政策研究者和“知”者不同。从事“知”的社会群体有很多，但最显著的就是哲学家。政策研究者和哲学家必须有足够的区别。哲学家可以探讨所有一切，无论是现实存在的还是虚空想象出来的。因此哲学家或者属于哲学思考的人们往往具有浓厚的理性主义色彩。在理想的世界里，有些理想是可以实现的，有些理想是受现实限制而现在不能实现，将来或许有可能实现，而有些理想则是根本不可能实现的，就是人们所说的“乌托邦”。从现实来看，人类社会从开始到现在，所实现的理想并不多。人们头脑里面所产生的理想大多成为历史的记忆。

政策研究者必须懂得哲学知识是如何产生的。如果不懂，那就很难分辨哪些理想是乌托邦，哪些是可以实现的，哪些是现在实现不了，将来可以实现的。马克思曾经说，哲学家有两项任务，一项是解释世界，另一项是改造世界。这是两项关系密切的工作。没有认识世界，就很难改造世界。改造世界的前提就是认识世界。不过，我想，哲学家的任务主要还是解释世界，改造世界的任务更多的是让政治家来做要好一些。当然，这并不排除哲学家转变成为政治家。马克思本人就参加了很多政治活动，成为了政治家。不管怎样，在哲学和政治之间还是有很大的距离的，如果没有意识到理想和现实之间的鸿沟，那么政治就会出现很多问题。历史上，很多具有哲学思维的人成为了政治家，掌握政治大权，就会出现很多问题。法国大革命是一个例子。当时的很多政治家同时也是哲学家，他们想把很多理想转变成为现实，结果出现了很多问题。如果这些理想事先经过“是否可以实现”的论证，情况可能就会很不相同。很显然，政策研究者必须具备的品质就是分辨事物发展的客观规律，就是要沟通理念和实际世界，探索理念或者政策思想的实际可行性。

其次，政策研究者也必须和政府官员有所区别。这里，政策研究者要寻找自身的定位。这个定位应当和官员的定位不同。政府官员的主要任务是决策和政策执行。这里，有几方面的工作，政策研究者可以做。第一，政策研究者们很难告诉政府官员做什么，不做什么，因为政策研究者很难获得实际政策世界的非常复杂的信息，也很难真正把握政治世界的实际情况。政策研究者所应当做的是告诉政府官员在什么情况下能够做什么事情，在什么情况下不可能做什么，就是说，给出不同的政策途径选择。当然，也要告诉政府做一个特定政策选择会导致的特定后果。第二，要把一个特定的政策放在宏观环境之中。政府官员一般只注重微观，看不到一个政策的大局，或者说，他们会侧重政策的技术面。这就要求政策研究者把一个特定的政策放在比较宏观的内容中加以分析。宏观面的分析有利于决策的科学性和政策的执行。第三，政策研究者必须超越具体的利益。政策制定者和执行者是具有利益的组织或者个人，无论是政策的制定和执行都受制于利益。政策研究者在这里就具有优势，因为他们可以做到相对的利益独立，就是说独立于某一具体的利益，而把一个特定的政策放置于社会的整体利益之中。正是从这个角度，人们总是强调智库独立的重要性。第四，政策研究者还必须注意到一个特定政策的伦理和道德性。任何政策，不管其多么科学，都带有伦理和道德面。政策如果和利益相关，那么也不可逃避伦理和道德。就是说，政策很可能是对利益的重新分配，一些人可以获益，一些人可能受损。如果忽视政策的道德面，政策的执行就会造成其他方面包括社会政治面的问题。即使道德问题不可避免，但如果事先对此问题有足够的注意，那么至少可以管理和控制道德问题。

政策研究者应当具有哲学家和政治家两方面的知识。这个角色并不好担当。政策科学仍然在发展之中，现状并不令人满意。很多政策分析者都是学院派人物，很多政策分析工具很难被政策制定者所使用。政府官员感觉到政策分析者的作品不好用，政策研究者感觉到被政府官员冷落。不久之前，我读到一篇文章，题目是“为什么商学院和商业没有关系？”其实政策研究领域也是这种情况，就是说，政策研究和实际的政策没有多大的关系。这需要研究政策的人们的思考，以便改进我们的研究。

政策研究者的职责

第一是理论指导。任何政策研究必须是理论指导的，但政策研究本身不是理论研究。没有多少决策者和政策执行者会对理论感兴趣。但如果没有理论，政策研究很难有说服力。需要有理论，但又不是理论文章，这就要求研究者吃透理论，消化理论，把理论隐含在政策分析之中。

第二是具备国际视野。政策研究要具备国际视野，这一点在全球化的今天尤其显得重要。至少可以从两方面来看。首先，国与国之间的互相依赖和影响。一国内部的发展深受外部环境的影响，同时一国内部的发展也会产生外部的影响。尤其像中国这样的大国，无论国内发生什么，都会产生巨大的外部影响。其次，借鉴外国经验。人们注意到，自近代以来，各国的制度越来越具有趋同倾向。各国制度的发展一方面要符合本国的文化、经济、社会等等条件，同时也呈现出一些共同的特征。各国制度的产生和发展都是普遍性和特殊性的结合。中国自改革开放以来一直是一个学习型国家，这是中国成功的其中一个根源。这个传统要保持下去，做政策研究不能闭门造车。

第三是国家实践和地方背景。无论是理论还是国际视野，政策研究最后要落实到国家的每一个具体环境。如果不能把政策落实到国家的具体实践和地方背景中，那么政策会缺乏可行性。政策的可行性来自对一个具体国家和地方的理解。

第四，政策研究者也必须把“行”上升为“知”，即把一些政策实践提升为概念和理论。这方面，西方发达国家做得好，而中国的政策研究者这方面的意识还不强。中国实际上有很多好的政策实践，但没有被概念化和理论化。结果，中国的很多实践不被外界所理解，其实内部的理解也很肤浅。大家所做的大都是用外国尤其是西方的概念和理论来评论中国实践。

把“行”上升为“知”非常重要。首先是话语权的问题，就是确立自己的政策价值评判体系，而不是总是借用人家的。借用人家的不是不可，但事实是人家的东西很难解释自己。其次，是深刻认识自己，从理论上认识自己。第三，这不仅仅是话语权的问题，更为重要的是经验分享。没有话语，很难让人家来解释自己，人家很难认识你。第四，进入世界“政策市场”。我觉得，如同其他很多事物，世界上也存在着一个“政策市场”，就是各国最优政策实践和政策思想的“交易”。而“知”就是这种“交易”的形式。中国改革开放有那么多的政策实践和思想，也不乏很成功的。但为什么在国际“政策市场”上没有中国产品？主要的原因在于人们没有把“行”（即政策实践）上升为“知”。

这是我这些年来做政策研究过程所得到的一些初步想法。说出来，供大家参考。

图书在版编目（CIP）数据

郑永年论中国：中国的知识重建 / 郑永年 著. — 北京 : 东方出版社，2018.3
ISBN 978-7-5207-0020-7

Ⅰ. ①郑…　Ⅱ. ①郑…　Ⅲ.①知识体系—研究—中国　Ⅳ. ①G12

中国版本图书馆CIP数据核字（2017）第308329号

郑永年论中国：中国的知识重建
（ZHENG YONGNIAN LUN ZHONGGUO：ZHONGGUO DE ZHISHI CHONGJIAN）

作　　者：郑永年
责任编辑：刘　峥　马　旭
出　　版：东方出版社
发　　行：人民东方出版传媒有限公司
地　　址：北京市西城区北三环中路6号
邮　　编：100120
印　　刷：北京汇瑞嘉合文化发展有限公司
版　　次：2018年3月第1版
印　　次：2022年5月第6次印刷
开　　本：787毫米 × 1092毫米　1/32
印　　张：8.5
字　　数：100千字
书　　号：ISBN 978-7-5207-0020-7
定　　价：38.00元
发行电话：（010）85924663　85924644　85924641